台盟历史系列丛书

谢雪红画传

吴艺煤 主编

台海出版社

台盟中央宣传部 策划

★ 台湾民主自治同盟创建者之一谢雪红铜像。陈列于中国民主党派历史陈列馆

序　言

在纪念台盟成立 74 周年
暨谢雪红同志诞辰 120 周年座谈会上的讲话

全国政协副主席、台盟中央主席 苏辉

今天是台盟成立 74 周年纪念日。今年也是台盟首任主席谢雪红同志诞辰 120 周年。在这样一个具有特殊历史意义的时间节点，我们怀着十分崇敬的心情，在这里召开座谈会，纪念台盟成立 74 周年暨谢雪红同志诞辰 120 周年。此时此刻，我们格外怀念谢雪红等台盟老一辈领导人，格外怀念所有为台盟事业发展付出努力、作出贡献的台盟前辈们！

刚才发言的同志从不同角度回忆了谢雪红同志的生平事迹，情真意切，感人至深。谢雪红 1901 年出生于台湾彰化一个贫苦工人家庭，她曾当过家庭教师、店员，受五四运动的影响，1923 年在台中参加进步团体台湾文化协会。1925 年在上海参加五卅运动，同年加入中国共产党，并受组织选派，赴莫斯科东方大学学习。回国后，她受命参加组建日本共产党台湾民族支部，即老台共，任中央候补委员，此后回到台湾进行革命活动。1945 年日本投降后，曾发起组织人民协会、农民协会，任中央委员。

1947 年，台湾人民"二二八"起义中，谢雪红为台中地区的起义领袖，领导了"二七部队"，是这次起义很有影响的人物。起义虽然失败了，但谢雪红等人没有放弃为台湾人民谋幸福的探索。1947 年 11 月，谢雪红在香港参与发起组

3

建台湾民主自治同盟，任主席。1949年谢雪红作为台盟首席代表，出席中国人民政治协商会议第一届全体会议，被选为全国政协委员。1954年被选为第一届全国人大代表。新中国成立后，谢雪红还担任过华东军政委员会委员、政务院政法委员会委员、全国民主青年联合会副主席、全国妇女联合会执行委员、台盟总部主席。1970年11月5日，谢雪红病逝于北京，享年69岁。

谢雪红同志的一生，是经受革命斗争锻炼和考验的一生，是为共产主义理想、为多党合作事业、为祖国统一大业奋斗不息的一生！她为反对外来侵略，实现祖国统一而斗争的精神，以及为此而作出的努力，是不可磨灭的！

同志们，在台盟与中国共产党风雨同舟、荣辱与共的74载光荣历程中，涌现出一代又一代优秀的台盟盟员。谢雪红是台盟的创建者之一，更是其中的杰出代表。她的历史贡献，永远值得我们铭记；她的坚定信念，永远值得我们学习；她的革命精神，始终鼓舞我们奋勇前行。

我们纪念谢雪红同志，就是要学习她顽强不屈，勇于革命的斗争精神

谢雪红自幼因家庭贫困被卖作童养媳，备受欺辱，饱受磨难。但悲惨的命运和封建的枷锁并没有将她压倒，相反，在亲历了帝国主义和当局独裁者对台湾人民的压迫，在同时遭受封建制度和资本主义的双重剥削之下，年轻的谢雪红早早树立起为自己、为民众争取"出头天"的愿望。1919年，18岁的谢雪红第一次踏上祖国大陆的土地，在青岛切身感受到如火如荼进行中的五四运动，了解到俄国十月革命的有关情况，她知道"革命就必定要流血，要革命就会有人牺牲"。取"革命战士的鲜血染红雪地"之意，她将自己的名字改为"雪红"，随时准备为了革命流血，甚至是牺牲。

五四运动唤起了谢雪红的民族精神和阶级斗争意识，也唤起了她对理想社会和民主自由的向往。1922年，她在台中开办缝纫店，有了自己的事业。当时，台湾女性几乎都依附于家庭，没有自己的职业，像谢雪红这样走出家庭的职业女性备受关注。林献堂专门派人动员谢雪红参加当时的文化协会，认为她是跳出家庭束缚、参加社会活动的先进分子。

1925年，五卅惨案的发生激起了全上海以至全中国人民的极大愤怒。在游行中，谢雪红带队冲进日本领事馆，号召爱国同胞们，赶快起来救国救民！不要做亡国奴！在反对日本殖民统治的斗争中，谢雪红数次入狱，受尽酷刑，却始终

★ 2021 年 11 月 12 日，台盟中央在京举行纪念台盟成立 74 周年
暨谢雪红同志诞辰 120 周年座谈会

坚毅不屈、机智勇敢、不惧生死地斗争到底。在台湾人民"二二八"起义中，谢雪红组建并领导了"二七部队"。她所表现出的敏锐政治洞察力与判断力，坚定果敢、决不妥协的革命立场和顽强意志，与"二七部队"这支当时岛内的重要武装力量一起，被铭刻于历史之中。

今天，我们生活在和平年代，依然要坚持斗争精神。中国共产党和中国人民是在斗争中成长和壮大起来的，斗争精神贯穿于中国革命、建设、改革各个时期。我国正处于实现中华民族伟大复兴的关键时期，改革发展正处在攻坚克难的重要阶段。在前进道路上，我们面临的重大斗争不会少。要始终挺起精神脊梁，永远保持奋斗精神、革命精神，自觉为推进中国特色社会主义伟大事业而苦干实干。

我们纪念谢雪红同志，就是要学习她反对外来侵略，矢志统一的家国情怀

"要台湾人幸福"，这是谢雪红毕生孜孜以求的目标；"台湾是中国领土不可分割的一部分，台湾人民是中华民族的一部分"，这是谢雪红全部革命实践和政治轨迹的出发点与落脚点。在谢雪红的一生中，祖国与故乡，始终是她最深的牵挂。

在全民族的反帝爱国运动中，谢雪红充满感情地向全中国人民发出了"同胞们，别忘了还有 400 万台湾同胞在日本帝国主义的铁蹄下呻吟！"的呼声。1947年 11 月 12 日，也就是 74 年前的今天，在中共的帮助和指导下，谢雪红等人在香港创建了台湾民主自治同盟。在对外发布的一系列政治纲领文件中明确提出，"设立民主联合政府，建设独立、和平、民主、富强与康乐的新中国"，这些主张无不体现着谢雪红等台盟前辈坚决反对外来侵略、维护祖国统一的立场和决心。

在历史发展进程中的每一个重要节点，谢雪红和她所领导的台盟组织或郑重发声，或参与推动，坚定宣示立场和主张。在新政协筹备会前夕，谢雪红发表谈话，痛斥美帝对台野心，强调"中国领土不许人分割，台湾解放的日子已经不远"；谢雪红以台盟名义向新政协提出《关于处理台湾问题的意见》，重申台湾革命是中国革命的一部分。在中国人民政治协商会议第一届全体会议开幕时，台盟致贺电，代表全台湾省人民拥护人民政治协商会议，并表达了愿为会议所通过的一切决议的实现而努力奋斗到底的决心。在第一届全国人民代表大会第一次会议上，谢雪红作发言，强调"中华人民共和国是台湾人民亲爱的祖国，台湾人都是中国人"。在面对媒体采访时，谢雪红郑重警告妄想吞并台湾的帝国主义分子，"谁

★ 2021 年 6 月 18 日，台盟中央举办《大道同行——台湾民主自治同盟盟史回顾展》。全国政协副主席、台盟中央主席苏辉出席揭幕仪式并致辞

★ 台盟中央领导与嘉宾合影留念

想要用武力来侵略台湾，来奴役台湾人民，中国人民必将用对付日本侵略者的方法来对付他。"在参政履职期间，她始终关心关注台湾问题，围绕保障台湾人民生命财产等建言献策。她还积极介绍台湾青年到中国人民解放军华北军政大学台湾队和第三野战军九兵团台湾干部训练团参军学习，为解放台湾准备干部。

不久前，习近平总书记在纪念辛亥革命110周年大会上发表重要讲话，再次庄严宣告"祖国完全统一的历史任务一定要实现，也一定能够实现"。今天，我们纪念谢雪红同志，也是纪念所有为祖国统一事业作出努力的台盟前辈，更是激励广大盟员继承和弘扬谢雪红等台盟前辈爱国爱乡的优良传统，为早日实现祖国完全统一而不懈奋斗。

我们纪念谢雪红同志，就是要学习她信念坚定，积极投身多党合作事业的赤诚之心

谢雪红1925年加入中国共产党，在确立共产主义信仰后再也没有动摇过，始终坚定不移地将对中共的真挚情感、对红色祖国的热爱和渴望装在心里，落实在实践中。随着参与领导台共等革命活动，她的共产主义信念进一步坚定，革命思想进一步成熟。"二二八"起义失败后，谢雪红等人根据中共的指示撤离台湾，辗转抵达香港。在香港，他们积极参加中共领导的台湾工作，开展对台湾民众的宣传，广泛联系在港的爱国民主人士，成立台湾问题研究会，创办进步杂志《新台湾丛刊》，将中国共产党的政治主张传播海内外。在中共的影响下，谢雪红等人从斗争中逐渐认识到，只有组织一个具有明确政治主张的政治团体，才有助于号召和联合台湾各界人士，共同谋求台湾人民的解放和幸福。经过多方努力，尤其是在中共的帮助和指导下，创建了台盟。作为台盟的首任主席，谢雪红在创建台盟、发展台盟上所作的突出贡献将永载台盟史册，永载中国多党合作史册。

1948年4月30日，在人民解放战争取得节节胜利的大好形势下，中共中央发布了"五一口号"。这一口号，表达了全国人民的愿望和要求，也反映了各民主党派和所有爱国民主人士的政治主张，立即得到了社会各界的热烈拥护。台盟于5月7日发表《告台湾同胞书》，率先响应中共"五一口号"。新政协筹备会议召开期间，周恩来询问台湾省人民如何产生代表前来赴会，中央统战部部长李维汉认为台盟是台湾省人民的革命组织，一直从事台湾人民的解放运动，故可考虑作为一个民主党派单位来参加会议。周恩来对此表示同意，并在9月7日政

★ 《大道同行——台湾民主自治同盟盟史回顾展》
谢雪红特展展厅

★ 《大道同行——台湾民主自治同盟盟史回顾展》
谢雪红特展展厅

协筹备会议期间报告了有关台盟的问题，这标志着台盟由一个地方性政治团体成为全国性的政治组织，正式作为八个民主党派之一参与国家的政治事务。此后，谢雪红等台盟前辈怀着对中国共产党领导的社会主义新中国的美好憧憬和热切期待，积极投入召开新政协会议、建设新中国的革命洪流中。在数十年的革命生涯中，不管谢雪红本人身处的环境如何变化，她对党始终保持着坚定忠诚的信仰，对党的事业发展始终保持着炽烈充沛的热情。

回望台盟 74 年的光荣历程，始终坚持接受中国共产党的领导，是台盟在长期实践中作出的必然选择，也是台盟发展过程中形成的最基本的经验和最重要的优良传统，是台盟事业持续健康发展的精神支柱和动力源泉。今天，我们纪念谢雪红同志，就是要把谢雪红等台盟老一辈领导人同中国共产党亲密合作的优良传统继承下来、发扬光大，增强"四个意识"，坚定"四个自信"，做到"两个维护"，牢记"国之大者"，做中国共产党的好参谋、好帮手、好同事。

同志们，当前，台盟事业的接力棒已经传到我们这一代人的手中。我们对谢雪红同志最好的纪念，就是把谢雪红等台盟前辈的优良传统继承好，把他们历经千辛万苦开创的事业发展好，不忘合作初心，继续携手前进。这是历史赋予我们的神圣使命。

昨天，中共十九届六中全会在北京胜利闭幕。认真学习贯彻中共十九届六中全会精神是台盟当前和今后一段时期的首要政治任务。作为致力于中国特色社会主义事业、与中国共产党亲密合作的参政党，台盟各级组织和广大盟员要更加紧密地团结在以习近平同志为核心的中共中央周围，以习近平新时代中国特色社会主义思想为指导，加快各领域工作融合，构建台盟对台工作的大格局，统筹推进全盟各项履职任务，在全面建设社会主义现代化国家新征程上，为推进祖国和平统一进程、实现第二个百年奋斗目标、实现中华民族伟大复兴的中国梦作出应有贡献！

2021 年 11 月 12 日

★ 谢雪红，摄于 1949 年 9 月第一届
中国人民政治协商会议前夕

没有"二二八"就没有谢雪红，
没有谢雪红就没有台盟。

——张克辉

前　言

谢雪红，1925 年加入中国共产党，1928 年在上海参加组建日本共产党台湾民族支部，旋回岛内开展革命运动。1945 年日本投降后，谢等人组织成立了"人民协会"，提出要求"政治民主"，要求"言论、出版、集会、结社自由"等口号，得到民众的普遍支持，台湾很多进步青年都投入了人民协会运动。1947 年，"二二八"起义爆发，谢雪红成为台中地区群众领袖，带领民众与国民党当局的专制腐败进行了坚决的斗争。

谢雪红出身贫寒，饱受磨难。她当过童养媳，做过工人，对劳苦大众有着天然的感情。她亲历了帝国主义和当局独裁者对台湾人民的压迫，使其早早树立起为民众争取"出头天"的愿望。她早年投身革命，数度领导台湾人民的反抗运动，表现出了台湾人民勇毅不屈的精神：敢于挑战旧世界，敢于为人民做主，追求理想，百折不挠。谢雪红在台湾民众的心目中享有一定的声望，事迹广为流传，至今仍有广泛影响。

★ 谢雪红参加开国大典的正装照

一、谢雪红是台湾民主自治同盟的创建者和杰出领导人

"二二八"起义失败后，谢雪红等人辗转上海、香港，继续从事革命活动，并重新加入中国共产党。在中共的指导和帮助下，1947 年 11 月 12 日（孙中山诞辰纪念日），台湾民主自治同盟正式成立，谢雪红担任第一届总部理事会主席。在她的领导下，台盟自成立伊始就接受中共领导，积极地投入新民主主义革命中，为新中国的成立贡献了自己的力量。1948 年，台盟发表《告台湾同胞书》，积极响应中共"五一口号"。1949 年 9 月，谢雪红等代表台盟出席中国人民政治协商会议第一届全体会议，并当选为全国政协委员。

谢雪红是台盟的创建人之一，也为台盟的发展壮大作出了突出贡献。正是在她的领导下，台盟与旅港台胞密切了联系，组织发展得到巩固与加强；正是在她的领导下，台盟培育了一批具有较高政治文化水平的骨干力量；也正是在她的领导下，台盟参加了人民政协，并且成为政协的重要组成部分。当年，由台盟推荐参加的在香港台湾青年培训班、中国人民解放军华北军大、九兵团台湾干部训练团等学习的台籍青年，许多人后来都成为台盟各级组织的中坚和栋梁。踏着谢雪红等老一辈领导人奠定的坚实基础，如今台盟已经成为我国政治生活中的一支重要力量，为国家的经济发展、社会进步和祖国统一作出了显著的贡献。

二、谢雪红的一生是反帝爱国的一生

早在 1923 年，谢雪红就在反对日本帝国主义霸占台湾的"耻政纪念日"活动上呼吁台湾青年团结起来，时刻准备为台湾回到祖国出力。1925 年，五卅运动爆发，谢雪红在上海和杭州多次参加示威游行，她充满激情地向全中国人民发出了"同胞们，别忘了还有 400 万台湾同胞在日本帝国主义的铁蹄下呻

★ 2007年2月，台盟中央原主席张克辉著《啊！谢雪红》一书由台海出版社出版。该书以电影文学剧本的形式，再现了谢雪红及与她一起为成立新中国而奋斗的台籍革命前辈的历史轨迹。图为新书首发仪式，左起：林东海、刘亦铭、张克辉、林文漪、梁国扬

吟！"的呼声。在港期间，她与廖文毅等人要求联合国托管台湾的分裂行径进行了坚决的斗争。1948年4月30日，中共中央提出召开新政协会议时，她坚决拥护，并立即北上参加会议。新中国成立后，她也一如既往地关注祖国统一大业，并为之孜孜不倦，辛勤工作，直至生命的最后一天。

谢雪红在大是大非问题上，立场坚定，不屈不挠。在与日本帝国主义和国民党独裁者斗争的过程中，她不畏强暴，不惧生死，始终表现出了一个革命者大义凛然的民族气节和英雄气概。她为广大台湾同胞争权利、谋幸福，要求台湾民主自治，同时，坚决支持和拥护中国共产党，主张维护中国领土和主权的完整。可以说，谢雪红的一生，是革命的一生，是爱国的一生，是为了祖国统一而不懈奋斗的一生。

谢雪红同志的一生中，虽然也曾有过一些失误，但她的爱国赤忱、她的革命热情，以及她对台盟的历史贡献都永远值得后人颂扬。缅怀谢雪红同志，学习她百折不挠的革命气节，学习她为台湾人民当家做主和祖国统一而奋斗终生的精神，学习她坚持中国共产党领导，与共产党亲密合作的优良传统，并使之发扬光大。我们倾心编辑这本谢雪红一生缩影的画传，力求尽可能地走入这位革命家的心境，探索她所代表的那一代台籍先辈曾经为之奋斗的人生，追寻书写台盟光荣历史的革命前辈的足迹，从而更准确地了解台盟。

谨以此书献给谢雪红和为祖国统一奋斗终生的台籍革命先辈们。

2017年11月

目 录

第一章 台湾抗日女杰

　　1895 年，日本殖民者通过侵略战争强行割占台湾并实行残酷的殖民统治，但英勇无畏的台湾同胞始终没有屈服。以丘逢甲、莫那鲁道为代表的广大台胞，同日本侵略者展开了坚强不屈的武装斗争；林献堂、蒋渭水等一大批文人志士，著文呐喊，提振民族意识，对日本殖民文化侵略进行有力反击。在日本侵略者侵占台湾的半个世纪里，六十五万台湾同胞牺牲罹难，那种在孤绝环境中所进行的殊死抗争，慑敌寇而泣鬼神！1937 年抗日战争全面爆发，中国共产党发出全民族抗战号召，台湾民众抗击外侮的英勇斗争旋即融入全民族抗战的连天烽火之中。台籍将军李友邦率领台湾义勇队，奋战在江浙闽；台籍革命烈士翁泽生、林正亨等，以血肉之躯谱写了中华儿女共御外侮、宁死不屈的壮烈篇章。那种不远千里，为民族大义而抛洒热血的赤子情怀，感苍生而震寰宇！在中国人民抗日战争暨世界反法西斯战争取得伟大胜利、台湾重归中国版图之际，台湾各地舞狮舞龙，家家户户张灯结彩，庆祝回到祖国怀抱。

——时任台盟中央主席林文漪在首都各界
纪念台湾光复 70 周年大会上的讲话摘录

★ 20 世纪 20 年代，青岛城鸟瞰。青岛是谢雪红革命启蒙地

★ 谢雪红

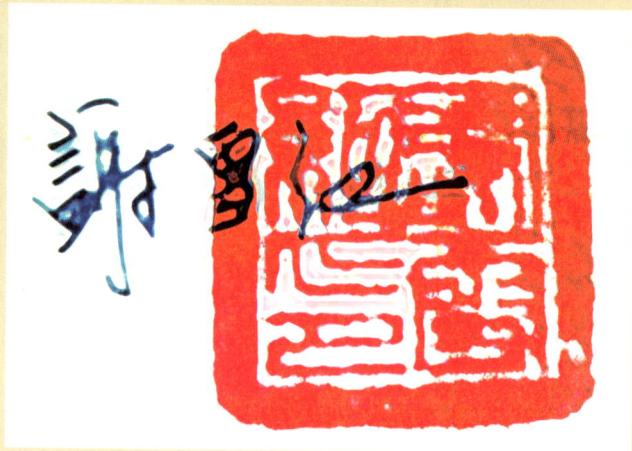

★ 谢雪红印章

投身于祖国大陆的革命洪流

谢雪红，原名谢阿女，1901 年 10 月 17 日（农历辛丑年九月初六）出生于台湾彰化一个手工工人家庭。那时，台湾人民已在日本殖民统治的铁蹄之下挣扎、反抗了六个年头。她父母贫病交加，先后离世。十三岁那年，她卖身葬母，小小年纪就成了童养媳，受尽了折磨。在她的眼里，童年是那么的灰暗。

1917 年，年仅十六岁、身为童养媳的谢雪红被送到台南帝国糖厂做女工，"一身同时遭受封建制度和资本主义制度的双重压迫和剥削"。在这里她结识了甘蔗委员张树敏，虽然张树敏并未给予她更多对女性的尊重和她所期待的幸福人生，但谢雪红由此走出了暗无天日的牢笼，一个纷繁的世界呈现在她眼前。因张树敏到日本神户做大甲帽材料制造生意，随行的谢雪红第一次有机会离开台湾，并接触到日本"米骚动"革命运动。这是谢雪红生平初见穷人可以与富人斗争的事实，在她的思想中留下深刻的印象。

1919 年 4 月，谢雪红随张树敏到青岛做帽子批发生意。谢雪红说："这是我第一次踏上祖国的土地，它给我的印象很深刻，对我思想上的开展起了相当大的作用。"她在这里切身感受到祖国大地如火如荼进行中的五四运动，第一次听到"打倒日本帝国主义的侵略"的口号，顿然感到新鲜和兴奋。她虽不知所以然，可是，"听到祖国有一天会强大起来，不再受人欺侮，就觉得能有这一天真荣幸啊！"

在青岛，谢雪红通过当地学生的介绍，了解了俄国"十月革命"的有关情况，革命的惨烈情景令她热血沸腾。"看了攻打冬宫的照片上，革命战士的鲜血洒在满地的雪上，我知道这就是革命，革命就必定要流血，要革命就会有人牺牲。"于是，谢雪红决意以"雪红"作为自己的名字，并制作了一枚"谢雪红"的私章。

★ 1925年谢雪红（右）在杭州

★ 1925年9月，军阀查封上海总工会，谢雪红（后排右三）与革命同人林木顺（后排右四）、陈其昌（后排右一）等在总工会门前合影

这枚印章从此伴随着谢雪红的革命生涯，成为她各个时期参加政治活动的见证。青岛，唤起了谢雪红的民族意识和阶级斗争意识，以及对幸福社会的憧憬，开启了她人生历程的转折。

1923 年 6 月 17 日，再度来到大陆的谢雪红参加了台湾人在上海商务印书馆国语讲习所召开的"耻政纪念日"集会。作为与会的唯一女性，她被推举上台讲话。她疾呼："台湾妇女也应该出来做事，参加社会活动。要台湾人得到幸福，台湾妇女也要参加——好比大石头要小石垫靠一般。""妇女也得参加革命，支持男人的运动，才容易成功。"她认为在日本殖民统治下，最迫切的是使女性也能从家庭中走出来，有了工作之后，不仅经济上不需仰赖男人，自己也参与了社会的活动。而有了妇女像小石头垫着大石头般的帮助，反殖民运动也就容易成功了。这是谢雪红生平第一次在公众场合发表演说，获得了全场喝彩，显示了她与生俱来的亲和力和感召力，连鄙夷轻视她的人也不免为之震动。

台湾被日本侵占后，日本帝国主义者为了巩固其在台湾的统治地位，疏离台湾人民对祖国的认同，继而消灭台湾人民的民族意识，采用了一系列离间政策，使双方人民之间发生矛盾，无法团结起来。比如怂恿一些台湾的地痞流氓到大陆沿海各地经营赌场、烟馆等，敲诈、毒害当地人民。身受其害的大陆人民无不对这些台湾人恨之入骨，闽南一带甚至骂台湾人为"台匪""亡国奴"。许多善良的台湾人到大陆行医、教书或经营企业，因担心被排斥，他们不得不假称自己为福建人、闽南人。谢雪红认为，不能中了日本帝国主义的离间之计，应该公开承认自己是台湾人，"让大陆同胞知道台湾人是爱祖国的，大多数台湾人是善良的"。1925 年，在杭州举行的孙中山先生逝世公祭仪式上，谢雪红等人第一次以"台湾青年一团"的名义敬献挽联。这一举动使大陆社会对台湾人的观感有所改变，促进了福建学生与台湾学生的团结。不久，"钱塘江大学"的福建学生，主动联系谢雪红，并共同组织了"闽台旅杭同乡会"。

一心奔赴大陆求学的谢雪红，在大规模反帝爱国运动的浪潮中放弃了原来的求学计划，决意参加革命！自此，她开始积极参与各种社会活动与示威游行。五四运动纪念大会与游行、"五九国耻日"纪念活动，谢雪红几乎无役不与，在游行中她高呼"打倒帝国主义""打倒封建主义""打倒军阀""废除不平等条

★ 1925 年 5 月 30 日，震惊中外的五卅运动在上海爆发，并很快席卷全国。图为北京人民英雄纪念碑上的五卅运动浮雕，表现了由工人阶级领导的各界人民坚强不屈地与帝国主义斗争的情景

★ 陈其昌

★ 林木顺

约""收回租界"等口号，高唱"打倒列强，除军阀，革命成功"。她形容当时的自己"像一只刚从笼里飞出来的鸟，自由地在空中飞翔着，倾吐受帝国主义、封建主义等旧社会压迫、剥削的痛苦，因此，毫无拘束地、毫无顾忌地、尽情地叫喊啊！冲啊！觉得无比痛快。"

1925年5月30日，上海群众一万多人在南京路上举行反帝国主义大示威，英国巡捕向徒手群众开枪射击，死伤多人，引起了全上海以至全国人民的极大愤慨，促使全国范围的大革命风暴的爆发。五卅运动是中国共产党领导的反帝爱国运动。在组织安排下，当时的国民党浙江省党部派谢雪红参加各工团的工作，并任命她为"宣传干事"。这是谢雪红参加革命以来的第一个职衔。她的主要工作是为支援上海罢工工人募款。她带队来到人口密集的菜馆、旅店，用带着浓重闽南音的国语高呼："爱国同胞啊！起来为死难的同胞报仇啊！打倒帝国主义啊！支持上海工人罢工啊！"在她的宣传号召下，民众捐款踊跃，募款金额增加，其他队友也相继效仿。

一次，谢雪红带领游行的队伍冲进象征殖民统治的日本领事馆。次日，杭州的报纸对此予以报道："爱国同胞们，赶快起来救国救民啊！不要做亡国奴，请看昨日领队冲进日本领事馆的台湾人多么勇敢啊！"当年，每遇日寇欺辱、民族劫难，就有学生和民众到这处日本领事馆抗议示威，要求驱逐日寇、收回馆舍。抗战胜利后，中国政府收回了这座别墅。谢雪红（当时叫谢阿女）在投身于全民族的反帝爱国运动的同时，从未忘记在日本帝国主义蹂躏下的故乡台湾。在五卅运动中，她请一同参加革命运动的台湾同乡林木顺、陈其昌代笔，致信浙江某报。信的内容是："爱国同胞啊！岂不是把台湾忘掉了？为什么只提出收回租界、收回海关、收回领事裁判权、收回一切不平等条约，而却没有提到要收回台湾啊？"该报以"不忘！不忘！不忘！不忘……"的大字标题作为回应。其后，当地的报刊、宣传单、壁报、游行标语都增加了"收回台湾"的口号。可见，谢雪红等人关于收复台湾的呼吁，得到了祖国同胞的赞同和响应。

1925年6月，谢雪红与林木顺等人一起加入了共产主义青年团。同年7月，谢雪红被调到上海，参加五卅惨案救援会的救济和募捐工作。当时谢雪红住在闸北商务印书馆斜对面，与总工会的干部住一幢楼。她住处的旁边就是瞿秋白的家。

★ 20世纪20年代在上海西摩路（今陕西北路）的上海大学校址，现已经不存在了

在杭州期间，中共党员黄中美给予谢雪红许多帮助，并帮助她提高对共产主义的认识，对谢雪红走上革命道路影响较大。后来，他也调到上海，并于 1925 年 8 月介绍谢雪红加入了中国共产党。据谢雪红回忆：

同年八月间，黄中美到闸北我的住处，向我宣布我已经被批准加入中国共产党了，介绍人就是他。当时我并没有写过自传和填过表格，只有他单方面问过我的经历而已；宣布入党时也没有其他人在场，更没有举行任何入党仪式。

1925 年 9 月，上海党组织安排谢雪红进入上海大学社会学系学习。上海大学是中国共产党和国民党左派联合创办的培养进步青年的学校，有很多台籍进步青年曾经在那里学习，如林木顺、翁泽生、许乃昌、潘钦信、蔡孝乾、洪朝宗等，这些进步青年日后都成为反抗日本侵略的台湾共产党的骨干。

★ 原苏联莫斯科东方劳动者共产主义大学，中共领导人刘少奇、聂荣臻、朱德等都先后在此就读。后在原址上新建《消息报》报社大楼

★ 1925年11月，中共上海地下党组织派谢雪红（前排右二）、林木顺（前排右一）、吴先清（前排右三，浙江人，1925年8月任中共上海区委妇女委员会委员）等赴莫斯科学习。其革命同志陈其昌（后排右二）、刘崧甫（后排左二）等欢送合影

进入苏联东方劳动者共产主义大学

　　1925 年年底，中共派谢雪红和林木顺赴苏联莫斯科东方劳动者共产主义大学（简称东方大学）学习，为将来在台湾建立党组织作准备。

　　据谢雪红回忆：

　　1925 年 10 月间，黄中美同时向我、林木顺和林仲梓（1925 年年底回台后病逝）三人宣布党命令我们赴苏联莫斯科"东方大学"学习；他说党派我们赴苏学习是为了培养干部，考虑将来帮助台湾的同志在台湾建党。

　　赴莫斯科前夕，谢雪红等与台湾同乡合影留念。谢雪红将这张相片带到了莫斯科。如今，俄罗斯的档案馆里仍然保存着这张珍贵的照片。关于合影的经过，谢雪红回忆道：

　　在我们等待去莫斯科时，大家一起去拍了一张相，参加拍照的有我、林木顺、吴先清、郭医生夫妇、陈水、林仲枫、韩姓朝鲜人等，并且在相片上写着"欢送留俄纪念"。这张相片后来惹出了很多麻烦，被用来证明我、林木顺和吴先清三人是赴苏的。

　　1925 年 11 月 20 日，谢雪红、林木顺等人启程离开上海，12 月 18 日抵莫斯科。在东方大学，谢雪红和中共早期著名的妇女运动领导人向警予曾住同一宿舍，向警予常给她讲革命道理，探讨妇女运动经验。谢雪红与蔡和森、向警予等中共领导人的交往，使她的思想有了很大进步。

★ 中共旅莫支部部分党员名单，记录时间为1925年。名单中的"林木森"即林木顺，"谢飞英"即谢雪红。与谢雪红关系密切的向警予、吴先清（与谢雪红同期赴莫斯科者）等也在名单之列

当时，谢雪红与莫斯科中山大学的联系较多。宋庆龄、冯玉祥等先后赴苏联访问，谢雪红参加中山大学为他们举行的欢迎聚会。同期，黄中美也被党派到苏联，在中山大学学习，谢雪红与黄中美来往密切，对中山大学关于列宁民族问题的讲义表现出浓厚的兴趣。1927年蒋介石发动"四一二"政变，消息传到莫斯科，激起中国留学生的愤慨，谢雪红参加东方大学和中山大学的中国学生联合组织的宣传队，上街头、到工厂，向苏联民众揭露国民党破坏国共合作、镇压共产党的真相。

刚到东方大学时，谢雪红和林木顺被分在中国班。一星期后，共产国际通知谢雪红和林木顺转到日本班学习。谢雪红回忆道：

第三国际决定叫我和林木顺转到日本班……听片山潜同志说第三国际考虑到我们以后的任务是要回台湾建党，又因当时台湾是日本帝国主义统治下的殖民地，因此第三国际决定把我们转到日本班学习，对以后筹备建党方便……台湾经济、政治体系属于日本，我们转去日本班学习较妥当。

共产国际认为当时台湾是受日本殖民统治，开展台湾的革命工作，需要与日共取得密切联系，在日本班学习可以加强与日共的联系，有利于以后回到处于日本殖民统治下的台湾建党。当时全世界无产阶级革命，都是在共产国际的领导下开展的。因此，中共服从并同意共产国际让谢雪红和林木顺转到日本班学习的决定。

共产国际委员片山潜是日本最早的共产主义者之一，也是日本共产党的缔造者之一。他在政治和生活上给予谢雪红的帮助和照顾较多。片山潜将山川均的著作《日本帝国主义铁蹄下的台湾》送给谢雪红，并订阅《台湾日日新报》，以供谢雪红、林木顺参考，叮嘱他们注意收集台湾资料，以备日后在台湾建党之需。1927年9月初，谢雪红和林木顺参加东方大学毕业联欢会。同年10月，片山潜正式代表共产国际，到东方大学向谢、林二人传达回台湾建党的决定。谢雪红回忆道：

他（指片山潜）说："共产国际决定命谢飞英、林木顺回国，组织台湾共产党，由谢飞英负责，林木顺协助。""台共"的组织工作由日共中央负责指导和协助，这个任务已委托给来莫斯科开会的日共中央代表团了。台湾是日本帝国主义的殖民地，日本本国的无产阶级应该协助殖民地台湾的革命运动。由于目前许多情况还搞不清楚，台共组织成立后暂时作为"日本共产党台湾民族支部"，透过日共中央间接接受共产国际的领导，待将来才接受共产国际的直接领导。台共建党的基层人员，可找一些参加中共党和日共党的台籍党员来做骨干，可要求两党的组织介绍各该党的台湾籍党员；党成立后，谢飞英和林木顺两人要去日本东京，在日共中央的领导下进行工作。

★ 1985年6月，商务印书馆出版的"外国历史小丛书"中的《日共创始人——片山潜》封面

谢雪红在苏联学习期间一直使用"谢飞英"的名字。当时共产国际注意到处于日本殖民统治下的台湾革命问题，认为日本工人阶级有责任援助殖民地人民的民族解放，共产国际明确指出台湾共产党的组织工作由日共中央负责指导和协助，台共组织暂时定名为"日本共产党台湾民族支部"。日共领导人片山潜与渡边政之辅认为谢雪红、林木顺回国后，可以中共和日共的台籍党员作为在台湾建党的基础。

创建台湾共产党

　　1927 年 10 月，谢雪红、林木顺带着共产国际的重要任务——组建台湾共产党——启程回国。11 月 13 日，谢雪红、林木顺抵达上海。随后，谢雪红与在上海的中共台籍党员翁泽生取得联系，正式传达创建台湾共产党的任务。翁泽生负责上海台湾学生联合会的指导工作，在旅沪台湾学生中具有很强的号召力。为筹组台湾共产党培养人才，谢雪红、林木顺与翁泽生一起组建上海台湾青年读书会，由翁泽生负责读书会的工作。1927 年 11 月底，翁泽生召集上海台湾学生联合会的左倾学生张茂良、林松水、刘守鸿、陈粗皮等人组成读书会。

　　1927 年 11 月 17 日，林木顺赴日，谢雪红随后于 12 月上旬赴日。在东京期间，谢雪红与林木顺参考日共与中共的文件，开始草拟台共的总纲领及救援会、工人运动、农民运动、青年运动、妇女运动等提纲。1928 年 1 月底，谢雪红和林木顺带着日共的指示及筹备成立台共的文件回到上海。日共将领导台共成立大会的任务委托给中共。同年 2 月，在日共和中共的共同领导下，谢雪红、林木顺、翁泽生等人组成建党筹备委员会。

　　1928 年 4 月 13 日，在中共代表彭荣建议下召开"台湾共产主义者积极分子大会"，作为台共建党的筹备会议，林木顺、谢雪红、翁泽生、陈来旺、林日高、潘钦信、谢玉叶及上海台湾青年读书会积极分子张茂良、刘守鸿、杨金泉等十一人参加，选定建党日为 4 月 15 日。

　　1928 年 4 月 15 日，台湾共产党（日本共产党台湾民族支部）在上海霞飞路 831 号金神甫照相馆二楼宣告成立。出席者为中共代表彭荣、朝鲜共产党代表吕运亨，以及林木顺、谢雪红、翁泽生、陈来旺、林日高、潘钦信、张茂良等人。林木顺在会上作筹备建党经过的报告，他强调台共的成立对台湾的革命局势具有

台湾共产党组织经过

台湾共产党成立于1928年4月15日（在上海法租界）。

是第三国际指定由日本共产党负责人片山潜同志（第三国际执行委员会委员）负责。以日本共产党为领导的，组织"日本共产党台湾民族支部"为台湾共产党的组织过程。当时在莫斯科的同志做传达报告的是台湾没有直接居第三国际领导以前，日本共产党要以全责领导，将近适当的时期才由第三国际直接领导。同时决定谢飞英（谢雪红），林木森（林木顺）俩人向日本共产党联系，组织"日本共产党台湾民族支部"筹备负责人，当时谢飞英、林木森俩人正在莫斯科东方大学修业二年课程的时候，在日本共产党内起意见分歧时（清除解党派及福本主义错误）日共主要干部都到莫斯科来解决的时候，台湾组织党问题也就趁这个时候提出来了，但

★ 杨克煌档案资料

★ 翁泽生（1903—1939），台北人，1921年参加台湾进步组织文化协会，投身抗日爱国运动，后到厦门集美读书，是台湾最早的社会主义宣传者之一。1925年入读上海大学并加入中共，1928年参与组织台湾共产党，是台共创始人之一。1933年被捕，受尽折磨，坚强不屈，1939年病逝。后被追认为革命烈士

重要意义。之后，谢雪红当选为会议主席。彭荣在致辞中分析五四运动以来中国无产阶级革命运动，重点分析国共从联合到分裂阶段的革命运动，他呼吁同志们要警惕对资产阶级的妥协。翁泽生在会上宣读由他起草的《青年运动提纲》等。翁泽生提出党的中央委员名额应该留给能回台湾领导工作的代表。会议选举林木顺、林日高、蔡孝乾（缺席）、洪朝宗（缺席）、庄春火（缺席）为中央委员，谢雪红、翁泽生当选候补中央委员。林木顺当选为书记。

1928 年 4 月 20 日，台共中委再次开会，讨论台共建党宣言，草拟感谢中共给予协助的信函，强调台湾人民对中共的支持和指导台共建党活动表示感谢，并希望未来能继续获得这种支持。会中首先推选林木顺为中央委员会委员长；候补中委翁泽生留驻上海，负责与中共的联系工作；谢雪红派驻东京，负责与日共的联系工作；陈来旺负责台湾共产党东京特别支部。

台共纲领主张台湾的无产阶级联合农民，将民族革命转为社会主义革命，"台湾民族革命是社会主义革命的先决条件"，在社会主义革命来临前台湾人民必将推翻帝国主义。台共提出的口号是"打倒总督专制""争取七小时劳动制"等。当时台湾是日本的殖民地，台湾只有获得解放，才能回到祖国怀抱。无论是从谢雪红、林木顺、翁泽生等台湾共产党创建者的革命道路来看，还是从当年台湾共产党的大多数人参加新中国的建设来看，乃至从在台湾岛内和海外的绝大多数老台共的政治主张来看，他们都十分鲜明地表达了推翻日本殖民统治，坚决反对把台湾从祖国分裂出去的政治态度。

序

我們所謂臺灣人，就是中國民族的福建人，廣東人，所以臺灣革命史，也可說是「中國革命史」的一部份，是我們中國學者，所應該知道的！現在讀介紹之於此，並望國人們對于羅福星，余清芳諸先生們作相當的紀念。

一九二五，十一，二十。　朱謙之。

★ 图为 1925 年出版的《台湾革命史》部分目录。作者汉人即黄玉斋

★ 朱谦之为《台湾革命史》作序，寥寥数语，即讲明台湾人是中国人，台湾反抗日本侵略者的革命斗争是中国革命的一部分

领导台共抗日斗争

自 1895 年日本侵占台湾以来，台湾民众相继进行了几十次抗日起义。早在 1920 年，连横即在《台湾通史》里作了大量论述。1925 年《台湾革命史》（台湾新民书局出版，作者汉人即黄玉斋）更是系统地描述了台湾人民反对日本殖民统治的斗争。那时，日本在台湾进行几十年的残酷镇压，实现所谓"全岛平定"，但民众的反日情绪并没有减弱，台湾民众以非武装形式（成立台湾文化协会、台湾民众党等）继续从事抗日斗争。

台湾知识分子以笔为刀，著名抗日报刊有《新学丛志》《台湾诗荟》《黎华报》《台湾战线》等，同时出版了《台湾战争记》《台湾八日记》等一批史书，唤起台湾民众对祖国的认同。台湾共产党和谢雪红等一批革命青年就是在这样的历史背景下，出现在台湾的。

1928 年 4 月 25 日，台共成立仅仅十天，谢雪红等台共党员因上海读书会事件，在谢雪红住所被日本便衣警察逮捕，藏在住所的党的文件也被发现。后因谢雪红当时用"吴碧玉"的化名进行活动，日警没有找到相关证据，便将谢雪红遣返回台湾。因证据不足，谢雪红于 1928 年 6 月 2 日获释。谢雪红回台湾后，蒋渭水主动接触她，并与她谈论台湾民众的抗日运动情况。

谢雪红在台湾着手台湾共产党的重建，以台湾农民组合和台湾文化协会作为开展党工作的重点，对台湾的抗日运动产生了积极影响。日警档案记录了刚出狱的谢雪红在台中的行踪：

屡次往返文化协会、农民组合本部事务所，与归台党员恢复联络，并准备将党的影响深入文化协会、农民组合。在陈金山家接受林日高来访，互相交换情报，认为党并没有被发觉，今后岛内应依据既定方针继续活动。

★ 1926 年，在台中的台湾农民组合本部及支部

谢雪红与台湾农民组合来往密切，农组领导人赵港曾说："雪红姐是农民组合的一根很大很大的柱子！"谢雪红的革命主张对农民组合产生了重要影响。谢雪红回忆道：

农组的简吉、赵港、杨春松和杨克培首先来找我，和我认识，并向我介绍农民运动的情况和听取我的意见。此时，他们都知道台湾共产党已经诞生了，也晓得我到过苏联留学，在他们面前我也不否认这些事实。我认为他们来找我并不是要找我个人而已，而是有意识地希望接受党的领导的；我也意识到自己在台湾是举着无产阶级革命旗帜的旗手。因此，他们对我们的欢迎，即表示拥护党、拥护无产阶级革命的。

1928 年 7 月，谢雪红帮助培养农民组合的青年干部，在农组本部开办的青年干部训练班上，主讲《国际无产阶级运动》《西来庵事件批判》等课程，使农组的学员们对农民革命运动有了更深刻的认识，使农民运动成为有意识的农民革命与殖民地人民解放运动。

谢雪红向农组提出设立青年部、妇女部与救济部，以吸引更多农村青年和妇女参加农民运动。据当年日警档案记载：

参加台湾共产党的结党，成为候补中央委员，不久因受上海读书会事件而被遣返本岛的谢氏阿女获释后前往台中，出入于台湾文化协会以及台湾农民组合本部，依据台湾共产党结党当时的方针开始活动，俾使两团体成为党的影响之下的大众团体，并由党掌握其领导权。

…………

谢氏阿女致力于扩大党对台湾农民组合的影响以后，为加强农民组合的青年部、妇女部的组织，以符党的方针，且为使农民组合新设救济部起见，将下列三提纲交农民组合中央：一、台湾农民组合青年部组织提纲。二、台湾农民组合妇女部组织提纲。三、台湾农民组合救济部组织提纲。

组合方面于同年八月二十九日召开中央委员会，简吉、侯朝宗、庄万生、陈

★ 1927年，台湾两位农民运动领袖李应章（右）与简吉（左）。
他们后来都加入了中国共产党

德兴、陈昆仑、简氏娥、陈海等人出席，邀请上述三提纲的提案人谢氏阿女列席，予以审议后决定通过，决议依据此一方针来进行青年部、妇女部以及救济部的建立及其扩展。

谢雪红在《台湾农民组合青年部组织提纲》中指出，青年无产阶级在解放运动中占有重要地位，农组的青年部在培养人才方面较弱，没有形成坚定的组织，没有教育机构、研究会及训练班，使大多数青年无法接受教育，因而组织没有新发展。她在《台湾农民组合妇女部组织提纲》中指出，台湾妇女为了解放自己，要参加无产阶级运动，妇女运动应该成为无产阶级运动的一部分。妇女已经可以担任与男性相同的重要任务，不必忍受过去的习惯与因袭的束缚，应该逐渐走上解放运动，与无产农工兄弟携手并进。她认为农组应该积极吸收更多农村妇女参加农组运动，并提出扩展农组妇女部的计划。关于建立农组救济部，谢雪红指出，无产阶级运动会更加发展，统治阶级的暴压会更加苛酷，组织救济部不仅救济为革命牺牲的斗士和家属，亦可帮助农组的发展，使农组成为真正的斗争团体，搭起农民向资本家、地主进行斗争工作的舞台。1931年，简吉在农组运动受到殖民当局镇压后，组织赤色救援会继续进行反抗斗争，救援会就是谢雪红所提出的救济部的延续和扩展。

1928年8月29日，谢雪红出席农组的中央委员会，商议召开农民组合第二次全岛代表大会有关事宜。据日警档案记载：

台湾共产党对于台湾农民组合的影响步步进展，进行着研究会的举办、组合内思想统一的达成、各团体共同战线的实践、农民组合各项方针的决定等。在同年九月，已经到了在最高干部之间公然讨论支持台湾共产党的问题。

昭和三年（1928年）八月二十九日，干部简吉、侯朝宗、庄万生、陈德兴、陈昆仑、谢氏阿女、简氏娥、陈海等人出席，在农民组合本部召开中央委员会，就召开全岛代表大会进行商议，决定配合以东京学术研究会员身份回台的岛外留学生盛大举行，其日期预定为十二月底。

1928.12.30.
臺湾農民組合第二回全島大會紀念

★ 1928年12月30日，台湾农民组合第二次全岛代表大会如期举行。这次大会体现了在台湾共产党领导下，农民组织团结一致、共同反对日本殖民者的斗争精神

○國際書局開張

彰化楊克培氏與謝雪紅女士、這回在臺北市太平町合同開辦書局、聞該局銳意特集日華社會科學書籍雜誌、以供民衆之要求、於二月五日開業並在書局樓上招待各界披露云。

★ 1929年2月10日，《台湾民报》第3版刊登谢雪红、杨克培开办国际书局的消息

1928 年 10 月 15 日，农组召开第二次全岛大会筹备会，审议大会议案，其中包括"建立青年部案""建立妇女部案""组织全岛性救援会案"等。1928 年 12 月 30 日，农民组合第二次全岛代表大会如期举行，参加者近千人。整个活动的幕后指挥者是台共党员谢雪红和林兑。林兑出席了大会。上海读书会事件之后，谢雪红一直被日警监视，她不宜公开露面，故去大会现场了解情况后即撤离。农组第二次全岛大会的议案与对策，几乎是依照台共东京特别支部的《农民问题对策》纲领进行的，其中"拥护苏俄联邦案""支援中国工农革命运动案"等议案极为引人注目。谢雪红认为，"这次大会基本上是接受台湾共产党的领导的"，她这样描述大会盛况：

1928 年 12 月 30 日和 31 日，台湾农民组合第二次全岛代表大会在台中"乐舞台戏院"举行。全岛有四十多个支部都派代表参加。开会之前各支部代表举着各支部旗由会场内的两旁走上主席台，在台上竖起四十多面红旗，极为壮观。到当时为止，这次大会可称是台湾历史上空前未有过的盛大集会。

为便于地下工作的开展，1929 年谢雪红、杨克培等人在台北开办国际书局，作为台共的秘密联络点。不久，杨克培又介绍其堂弟、台中商业学校学生杨克煌来国际书局当谢雪红的助手。谢雪红鼓励杨克煌参加抗日革命，告诉他，"人生应该是不断探求真理的旅行"。可以说，杨克煌追随谢雪红参加抗日斗争，参加台湾人民反对国民党独裁腐败的"二二八"斗争，参加新中国的建设，数十年如一日为祖国统一大业呕心沥血。他们志同道合，成为最亲密的战友和爱人。

国际书局出售的社会科学类书籍和传播马克思主义的书刊，吸引了很多进步人士，对传播革命思想起到了积极作用。谢雪红回忆：

书局的地址设在台北市中心一座二层楼，在楼的外面挂了两个大牌，上书"国际书局"四个大字；一对直牌，直牌的宽有四尺多，长一丈多。

好在用了"国际"这个新鲜的字眼做店号，在一些进步人士看来国际是会同第三国际（共产国际）联想起来的；加上招牌上画着的那一颗大红星也极吸引过

国际书局经营的经过

台湾受日本帝国主义统治时期，资产阶级
的文化比较发达（台湾的文盲很少可是台湾人的
书店都是日本人经营的。也有几家台湾人搭营
的书店，规模不大，有时候买一些旧式书（四书五
经没有什么进步的书籍，这里最多只有一些民
族气味的文化而已。这也就是在台湾需要开办
的一家有马克思列宁主义理论书籍的商店。

国际书局开办于台北市，一九二九年开业
的。书店的资金非常单薄，只靠几个地下党员

★ 谢雪红回忆当年建立反对日本殖民统治斗争联络站经过

★ 20 世纪 50 年代的杨春松

路人的注目。书店陈列的书又大都是在普通书店买不到的新奇的书，不仅满足了进步人士的需要，而且也吸引很多读书人的好奇心。

1929年2月12日，日本殖民当局进行"二一二"大检举（即大搜捕——编者注），日警到国际书局逮捕了谢雪红和杨克培。刚正式开业不久的国际书局，在这次事件中遭到搜查，许多书籍因被日警认为有"危险思想"，而被没收。国际书局招牌上的大红星让日警十分头痛。因谢雪红和杨克培被捕，国际书局事务工作暂时由杨克煌负责。此次逮捕的目的，是调查台湾共产党与农民组合的关系，由于殖民当局未查获农组与台共关系之相关证据，谢雪红于1929年3月1日获释。日本殖民当局采取分别"驱逐"（替获释者买车票，将其送回家）的方式，释放数十名因"二一二"事件被捕的"危险人物"，以阻止他们因同时获释而组织聚众活动。在"二一二"事件中被逮捕，后保释出狱的台共党员杨春松，向谢雪红表达赴上海参加革命运动的意愿，得到谢雪红的支持后，离台赴祖国大陆。

作为台共的领导人，谢雪红十分重视在农民组合和文化协会开展党的革命工作，对农组和文协召开代表大会的政治方向产生了积极影响，并把"二一二"事件后回台的苏新等人派遣到矿区和铁路开展工运工作，使台共的革命活动植根于工农群众中，对台湾的抗日解放运动产生了重要作用。

1929年夏秋，文协、工会、农组代表在蓬莱阁举行座谈会，谢雪红主持会议。日本殖民当局派去的"临监"在现场目睹会议的全过程，谢雪红的组织才能和演讲才能给"临监"留下深刻印象，他们意识到谢雪红在台湾运动中的重要性，改变过去以为谢雪红只是一个无学问的妇女，没有什么了不起的看法。其实，是谢雪红1928年5月被押回台湾时，为隐瞒自己的真实身份而作的辩解，迷惑了检察官。

谢雪红关注日本《战旗》杂志，并于1930年10月设立新艺术刊行社，在宜兰、丰原、台中、屏东等地秘密建立《战旗》发行网。日警档案以《国际书局派的战旗发行网》为题进行记录：

同年（1930年）十月前后，国际书局则设立新艺术刊行社于台北市入船町，

★ 20 世纪 20 年代，
日本战旗社出版物

★ 20 世纪 20 年代末，台湾农民运动风起云涌。台湾各地都成立了反对日本殖民统治的农民组合组织。图为 1929 年 10 月，台湾农组大湖分部门前的农组成员合影。左三学生模样者为简娥，她在桃园一带带领农组成员宣传进步思想，传播抗日斗争策略，发挥了重要作用

且在宜兰、丰原、台中、屏东设置地方发行网，以非法形态每号发行三十多部……

后由于日本《战旗》杂志遭取缔，谢雪红在台湾建立的《战旗》发行网亦不得不取消。

1930年10月27日，谢雪红主持召开台共的"松山会议"，王万德、苏新、杨克煌、赵港等人参加会议，就加强台共的工运工作，巩固台共在文化协会的革命力量等进行商议。1931年5月台共二大召开。大会后不久，谢雪红、杨克煌等人在国际书局被捕。其他党员，以及与党联系密切者也相继被捕，党的有关文件被查获。随后，日本殖民当局解散了台共所联系的农民组合和文化协会。

1934年春，日本殖民当局对"台共事件"的49名被告进行公审。审判官首先问谢雪红："你住在哪里？"谢雪红倔强地回答："我住在地球上！"审判官再问："具体住哪？"谢雪红不屑道："我住在台北监狱。"审判官只好改用缓和的口气问道："你被捕前住在哪里？"看到审判官终于改变盛气凌人的态度，谢雪红才回答："我住在国际书局。"谢雪红在法庭上和审判长争论，要求松开手上捆绑的绳子，并斥责日警的武装威胁是对被告的凌辱，窘迫的审判长随即下令禁止旁听，谢雪红更厉声指责反对秘密判决。

1934年11月1日二审公审，审判长就是1928年5月谢雪红被遣返回台，曾经审讯过谢雪红的检察官。第二次与谢雪红在法庭上见面，审判长呵斥谢雪红："你还认得我吗？你还主张自己无罪吗？你还想溜过去吗？"谢雪红反驳道："你们说台湾共产党人是在做梦，难道做梦也要关十多年吗？"1934年11月30日，二审判决谢雪红被判刑13年。谢雪红被捕前后和公审时机智勇敢的表现，竟被日警编为教材，作为典范让训练所的警员们学习。1939年谢雪红因病保释出狱。

台湾人民的抗日斗争虽然暂时被镇压了，但是台湾人民没有屈服。诚如台湾抗日志士、作家钟肇政先生所说的："他们抛头颅，洒热血，与敌人周旋，从不低头屈膝。"台湾抗日精英始终认为台湾与祖国大陆血脉相连、不可分割。他们蕴藉于胸的强烈祖国情怀和故乡情愫令人敬佩，他们爱国爱乡的情感至今影响着两岸儿女。

★ 1930年前后，农组骨干在台北高等法院门外合影。右二为谢雪红、右四为许月里，前排右四为简吉，后排左一为陈昆仑

★ 1930年8月，台湾共产党外围刊物《台湾战线》刊载台湾共产党部分党员合影。前排左二起分别为：谢雪红、郭德钦、周合源，后排左二为杨克煌

昭和八年七月二十四日 臺灣日日新報 號外 （一）

臺灣共產黨事件の全貌

共和國建設を夢み 臺灣共產黨を結成

佐野學指導の下に上海で發會

活動の第二期に入って一齊檢擧

二十四日記事解禁さる

臺灣共產黨事件は昭和六年三月廿四日當局が一部の檢擧に著手して愈よ確證を握ったので同年六月疾風迅雷全島に亙り一齊檢擧を斷行して世人の耳目を聳動せしめた爾來滿二ヶ年餘新聞記事差止めのまま今日に及んだのであるが漸く豫審終結七月二十四日を以て一部解禁さるるに至った

愈よ本島に進出したが 四・一六事件で頓挫

黨內も二派に分れて暗鬪

急進派勝を占め 觀音山麓で祕密大會

遂ち文協、農組を巧に操り

續發する爭議は皆其の傀儡

「趙港」逮捕が 檢擧の導火線

一齊搜查の際に偶然に發見す

殊勳者は鈴木、林兩巡查

大檢擧開始

映畫さながらの肉彈戰

全島各地で展開

蕭來福

謝祈年

大道で演說

不眠不休

佐黨擔任

巨頭蘇新 臺中で檢擧

逮捕

★ 1933年7月24日，《台湾日日新报》号外全页。刊登台湾共产党活动和被日本警察逮捕的消息

★ 台共在蓬莱阁合影。这张日警刻意留存的相片，成为后人瞻仰当年台湾共产主义青年精英的宝贵资料。图中前排由左至右分别是台北州官XX、张道福、台北州官XX、林添进、庄春火、台北州官（课长XX）、台北州官XX、XX、谢雪红、卢新发，后排由左至右依次是潘钦信、林朝培、XX、陈昆仑、李妈喜、廖瑞发、庄守、林日高、杨克煌、林兑、王万得、XX、张朝基、XX、廖九弓、XX、林朝宗、高甘露等

1. 台灣近百年人民左翼運動的光榮傳統

1895年甲午戰爭後，日本侵據台灣，不願屈服的台灣人民開始了反日本帝國主義的武裝鬥爭。1915年，武裝鬥爭功敗垂成後，台灣文化協會、台灣農民組合、台灣民眾黨、台灣共產黨以及台灣各地工會等組織相繼成立，展開了抗日殖民的人民左翼運動。後於1922年中國共產黨成立後，台灣島內的人民左翼運動進行了聯繫。在島內進行殖民地鬥爭的台灣左翼運動的組織者投入了□反內戰、反飢餓□的新民主主義運動，在台灣經歷了二二八事件。大多成為1950年代白色恐怖的被難者和政治犯。這些左翼運動先行者出獄之後，仍然不改其志。1989年投入了勞動黨的創立，為實現民族與階級的雙重解放、祖國的和平統一、繼續奮鬥。

*以下皆為勞動黨建黨發起人

周合源
台灣文化協會中央委員

莊春火 台共中央委員

潘陳火 台共中央委員

王萬得 台灣文化協會
第三屆中央委員
台灣赤色總工會幹部

許月里
台灣農民組合幹部

廖清纏
台灣文化協會幹部

伍金地
台灣農民組合幹部

蔣蘊瑜
抗日東江縱隊幹部

★ 当年参加台湾共产党的精英群像（台湾地区政治受难人互助会提供）

★ 1987年2月，纪念台湾人民"二二八"起义40周年之际，当年亲历"二二八"事件的台盟盟员在北京景山台盟中央机关合影。一排左起为江浓（公费生，当时在祖国大陆参加声援"二二八"起义活动———编者注）、叶仁寿、周青、蔡子民，二排左起为陈炳基、叶纪东、叶庆耀、林文启，三排左起为林东海、潘渊静、吴克泰、王彪、蓝运树，四排左起为周明、郭水烟、蔡鸿振

第二章 "二二八"起义

五十年的黑暗／一旦明了天／五十年的屈辱／一颗热泪把它洗干／祖国／你成了一伸手／就可以触到的母体／不再是／只许藏在深心里的一点温暖

五百天／五百天的日子还没有过完／祖国，祖国呀／独裁者强迫我们把对你的爱／换上武器和红血／来表现！

——臧克家《表现——有感于"二二八"台湾人民起义》
1947 年 3 月 8 日于沪

★ 1945年，台湾光复，国民政府代表来台，在台北公会堂接受日本投降，兴高采烈的台湾民众在公会堂门前搭起庆祝牌楼，庆祝台湾光复，回到祖国怀抱

台湾光复初期的活动

1945年，中国人民抗日战争取得伟大胜利，台湾终于摆脱50年的日本殖民统治，重回祖国怀抱。台湾民众欢欣鼓舞、舞龙舞狮，充满着民族解放的欢欣和对祖国政府的期待。

但不久，台湾社会就发出了对蒋政权的疑虑之音。日本投降未及一星期，岛内发现了名为《告台湾青年书》的日文传单，对即将来台的统治政权有所暗示："假使光复后，大多数人民还未得到政治自由和生活安定，那是没有意义的，所以大家必须警惕而赶快团结起来，以自己的力量，来争取政治和经济的解放。"谢雪红了解国共之间的复杂关系，她对光复后国民党政府的接收和台湾社会局势的发展有十分清醒的认识。她与赴台采访光复典礼的台籍中共党员、《大公报》记者李纯青会面，了解到李纯青此行肩负着党的特殊使命。这是抗战胜利后，谢雪红第一次接触中共中央派来的人员。

谢雪红积极组建进步团体，迎接台湾光复。1945年10月5日，谢雪红等人在台中成立了台湾人民协会，并发行机关报《人民公报》，对群众开展政治启蒙。人民协会成员主要由日据时期的抗日爱国进步人士构成，在岛内各地得到普遍支持，发展十分迅速。谢雪红在建立人民协会的同时，还组织了以台湾工人为主体的台湾总工会，并延续过去农民组合传统，成立了台湾农民协会。此外，为加强与青年学生的联系，谢雪红还接办了建国工业中学。1946年1月，国民党当局以没有按照人民团体组织法成立为由，强令人民协会等进步团体解散。

据杨克煌回忆：

8月25日前后，我们起草了一个《告台湾青年书》的信，先油印十份，寄

94

第三條：本會章程非大會代表三分之二贊成不得更更之。

人民協会成立大会宣言

日本帝國主義統制台灣五十年不消說是一連的充滿着血淚和痛苦的歷史就
是我們的殖民政策下忍着不可忍着的歷迫和侮辱尤其是專制獨權統督的黑暗政
治黑暗發酷的警察制度非人道的虐殺我們同胞受了經濟的搾取和剝削大
企業盡被壟斷土地会社青果会社等結記壟權搾奪了我們好多的財產强佔
我们好多土地教育的限制和日台差別加之使行惡劣無道的法令日人對我們
的歷迫侮辱等等實難放年回想在日本帝國主義支配下我们還没有得到
政治權利我们被束縛得像會戰一般的狀態那裡有什么言論集会的自由呢那

人民協會主旨及章程
主旨
一、實施徹底的民主主義政治
一、言論出版集會結社絕對自由
一、十八歲以上男女選舉權被選舉權
一、官吏由人民選舉
一、確立八小時工作制
一、義務教育徹底的實施
一、戰爭罪惡者教育徹底實施
一、禁止人身買賣廢止公娼制度。

★ 人民协会之章程

★ 台湾有关部门最近公开的当年《人民协会成立大会宣言》
（台湾有关档案资料，下同）

★ 当年国民党情治机关的
关于人民协会情报内容

给各地朋友。信的主要内容是：日本帝国主义在台湾的殖民地统治已告结束，台湾回到祖国的怀抱，中国政府将在台湾施政。台湾人民将不再受日本帝国主义的压迫，但如果今后我们得不到政治上的民主，我们还要进行斗争。

9月20日，台湾人民协会筹备会成立。

9月30日，谢雪红、杨克煌、林兑、李乔松等人民协会筹备会成员发表演讲，呼吁台湾民众"争取实现民主政治，参加台湾人民协会，为民主政治而奋斗"。

1945年10月5日，台湾人民协会正式成立，通过《台湾人民协会成立宣言》和《台湾人民协会章程》，谢雪红、杨克煌、林兑、谢富、李乔松、王天强、顾行等人当选为中央委员。该协会以争取民主政治为主旨，并提出"保障人民自由""实施八小时工作制"等口号。次日，人民协会召开中央委员会，推选林兑为委员长，谢富为组织部部长，杨克煌为教育部部长，李乔松为宣传部部长等，并决定杨克煌负责编印机关报《人民公报》。该报于1945年10月中旬创刊。继台湾人民协会成立之后，10月下旬又先后组织成立台湾农民协会和台湾总工会筹备会，其目的是团结广大台湾民众，为争取民主权利而斗争。

10月下旬至11月初，谢雪红、杨克煌、李乔松等人在各地演讲，向台湾民众宣传人民协会、农民协会的宗旨和组织情况，产生了较大社会反响。就在李乔松积极地为人民协会和农民协会工作的同时，其子李韶东也参加了台湾人民协会的活动，为协会办的《人民公报》和杨逵先生创办的《一阳周报》做油印工作。

——原载台海出版社出版的《台湾抗日丛书》

谢雪红积极支持来自祖国大陆的进步知识分子创办的报刊。她接触《和平日报》社长李尚根、主笔王思翔、编辑主任周梦江等人（三个人后均加入台盟——编者注），并安排杨克煌、林西陆等十余人进入《和平日报》工作。《和平日报》于1946年5月4日在台中创刊，系国民党军方报纸，态度较激进。王思翔、周梦江作为此报的创办人，对国民党的腐败甚为厌恶。

1946年，台湾《新知识》创刊号发表了谢雪红的一篇日文文章《妇女和新知识》，文章写道："过去一年，台湾民生极度贫穷，在这社会秩序混乱、人们怨声载道的背景下，先须承担苦果的却是女人，这是因为女人大部分都没机会受

★ 1946年1月6日，谢雪红（前排左五）、严秀峰（前排右五）等与台湾省妇女代表合影

★ 作家台湾杨逵，曾因参加抗日活动被日本警察逮捕十余次而不屈。赶走日本殖民统治者、实现祖国统一和中华民族的自由独立是其作品最突出的主题

★ 20世纪40年代香港《大公报》时期的李纯青

★ 1946年7月创刊的《台湾评论》目录

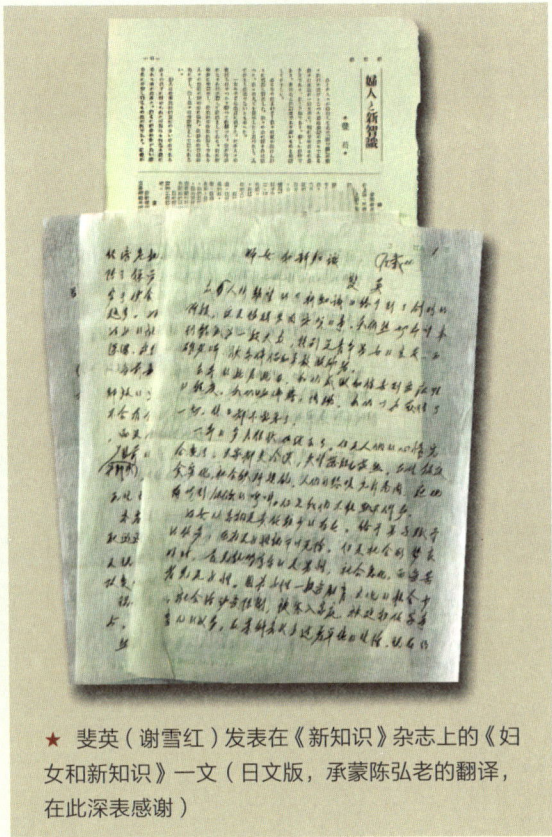

★ 斐英（谢雪红）发表在《新知识》杂志上的《妇女和新知识》一文（日文版，承蒙陈弘老的翻译，在此深表感谢）

★ 1946年7月1日，由李纯青、苏新、王白渊等主办的《台湾评论》月刊于台北市创刊，李纯青为主编，林忠任发行人，苏新等为编辑。10月发行至第四期后遭国民党陈仪当局勒令停刊（原载台湾旧杂志复刻系列，吴三连史料基金会等出版）

到教育，所以社会活动备受限制……所以目前最迫切需要解决的便是民生问题。对妇女解放的要求，现在都集中在民生问题上。如果民生没有解决，又何来的解放。民生问题不单单是妇女的问题，而是全面性的问题。"这篇署名"斐英"的文章，出自谢雪红之手。《新知识》的出资人是中央书局负责人张焕珪，参与创刊和撰稿的包括谢雪红、杨克煌、杨逵、周梦江、楼宪等人。因刊物内容揭露了当局弊端，遂被台中市政府以"未经批准登记"为由查封。

在谢雪红的影响下，《新知识》的主创人员王思翔、周梦江、楼宪等人，一致拥护中国共产党，抨击国民党当局的恶政。在台湾人民反对当局专制腐败统治的"二二八"事件后，纷纷加入谢雪红、杨克煌、苏新等创建的台湾民主自治同盟，在继续反对国民党当局专制统治、追求民主自治、反对"台湾独立"的道路上又走到了一起。

★ "二二八"事件发生时，愤怒的台北民众烧毁台北烟草专卖局

★ 林江迈（左）和女儿林明珠及她的外省籍女婿——警察曾德顺合影

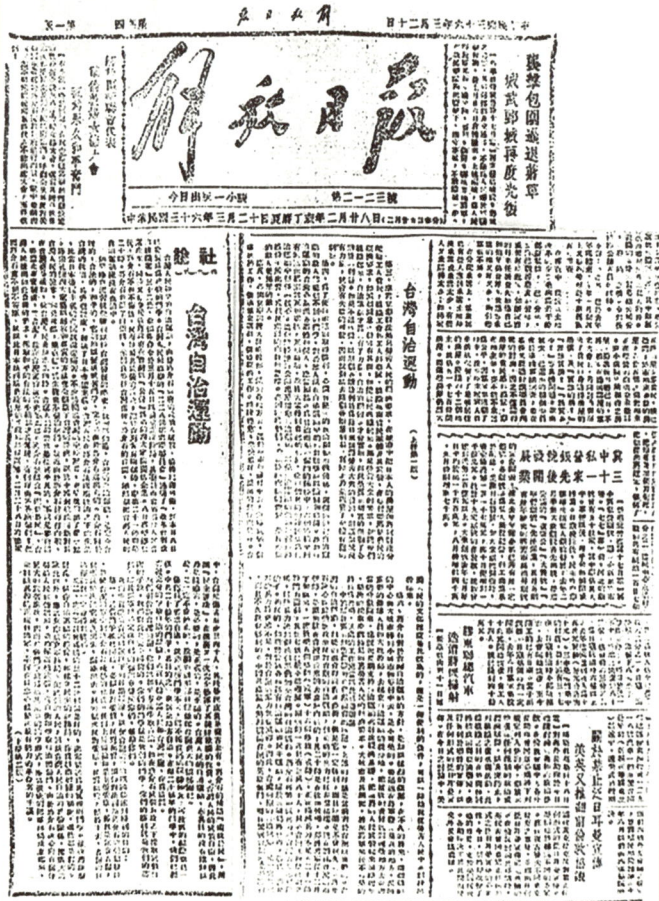

★ 1947 年 3 月 20 日，《解放日报》刊登中共中央声援"二二八"起义社论《台湾自治运动》。该社论已于同年 3 月 8 日在延安新华广播电台播出，后又刊载在 1947 年 3 月 20 日（农历二月廿八日）《人民日报》上

中国共产党支持台湾人民"二二八"起义

1947年2月27日，台北妇人林江迈在天马路茶房亭仔脚卖烟，被台北烟草专卖局缉私警殴打，并开枪杀害无辜民众，激起民众愤慨，2月28日发生台北市民请愿、示威、罢工、罢市斗争，从而引发了全岛民众反对国民党当局的专制统治，要求台湾省民主自治的反抗运动。这次"官逼民反"的全岛性抗争运动史称"二二八"起义。然而，从"二二八"整个事件看，主流民意根本没有关于什么台湾"独立"或"托管"的诉求。而有一些独派人士却将"二二八"扭曲为主张"台独"的运动，甚至出现谢雪红为其鼻祖等荒谬的言论。

1947年3月8日，中共中央延安广播电台发表声援台湾人民"二二八"起义的文告《台湾自治运动》。3月20日，恰好是农历二月廿八日，中共中央选择这个有特殊象征意义的日子，在《解放日报》以社论名义刊载了《台湾自治运动》全文，3月22日，《人民日报》也重发了支持台湾人民自治运动的延安广播稿，再次重申中共中央支持台湾人民"二二八"起义的态度。由此可见，中共对台湾"二二八"事件极为重视，坚决支持台湾人民要求民主和自治的政治诉求。

《台湾自治运动》开宗明义地指出："台湾人民和平的自治运动，由于蒋介石政府的武装大屠杀，迫得起而自卫，到本月八日已发展为武装的斗争。"对于处委会提出的三十二条意见，中共中央给予高度评价，认为"台湾的自治运动，是完全合理的，合法的，和平的"，"我们要告诉台湾同胞，你们以和平方法争取自治，和在蒋介石武装进攻之下，采取武装自卫的手段，我们对此是完全同情的。你们的斗争就是我们的斗争，你们的胜利就是我们的胜利。解放区军民必定以自己的奋斗来声援你们，帮助你们。"中共中央鲜明表达支持台湾人民反对国民党专制腐败统治的自治运动的政治立场。

王添灯紀念輯

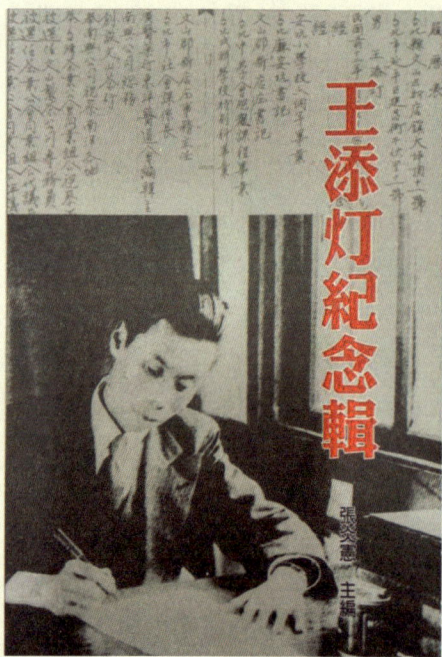

★ 张炎宪先生主编的《王添灯纪念辑》封面

★ 20世纪40年代的林日高

中共中央透过新闻媒体等渠道，了解了台湾"二二八"事件的进展，对岛内民众反抗国民党专制腐败的斗争给予支持和肯定。那么，当时战斗在岛内的中共党组织在"二二八"事件中的表现如何呢？

中共台工委于1946年7月在台北正式成立。蔡孝乾（台共一大中央委员，抗战时期任八路军政治部敌工部长，1950年被国民党情治机构逮捕后叛变）任书记，负责党在台湾的工作。张志忠（1949年12月被国民党情治机构逮捕，1954年3月在台北被当局枪杀，1998年被中国共产党追认为革命烈士）任委员兼武装工作部长，负责嘉义、新竹等地工作。

在"二二八"事件处理委员会与台湾当局进行的谈判斗争中，中共台工委根据当时民势民意，因势利导扮演了一个特殊而重要的角色。从处理委员会成立之日起，台工委通过处理委员会宣传组长王添灯（民营进步报纸《自由报》社长）、委员林日高（台共一大中央委员）就积极表达台湾人民的政治诉求，为台湾人民争取民主和自治，这与中共台工委根据当时斗争形势所作出的对策有重大关系。据老台共、参加"二二八"抗争的苏新回忆，当时王添灯、林日高完全按照台工委的方针、指示进行斗争，他们与台工委负责人保持密切联系。

1947年3月13日，《人民日报》第一版以《台湾人民武装强迫蒋军缴械蒋家军政机关均遭攻击》为题，报道台北、基隆等地台湾人民武装反抗国民党当局的有关情况。中共中央认为，台湾人民在"二二八"中的武装斗争是正确的。"二二八"期间，台湾的中共党组织在武装斗争战线发挥了积极作用。

1947年3月1日，在台工委领导下，台北地方党组织组建武装斗争委员会，并策划武装起义。台籍中共党员吴克泰回忆道：

三月一日下午，廖瑞发来通知我（这是事变发生后，我第一次同党组织取得了联系）说，根据社会各界人士的强烈要求，我们已经组织了全岛性的武装斗争委员会……

三月四日晚上，老陈（指蔡孝乾——编者注）来告诉我，台北的武装起义计划在当天午夜后发动，到时候你们可以听到枪声，起义队伍要占领兵营和长官公署……我们的武装起义在发动前被国民党所察觉，工人、农民、学生的队伍又极

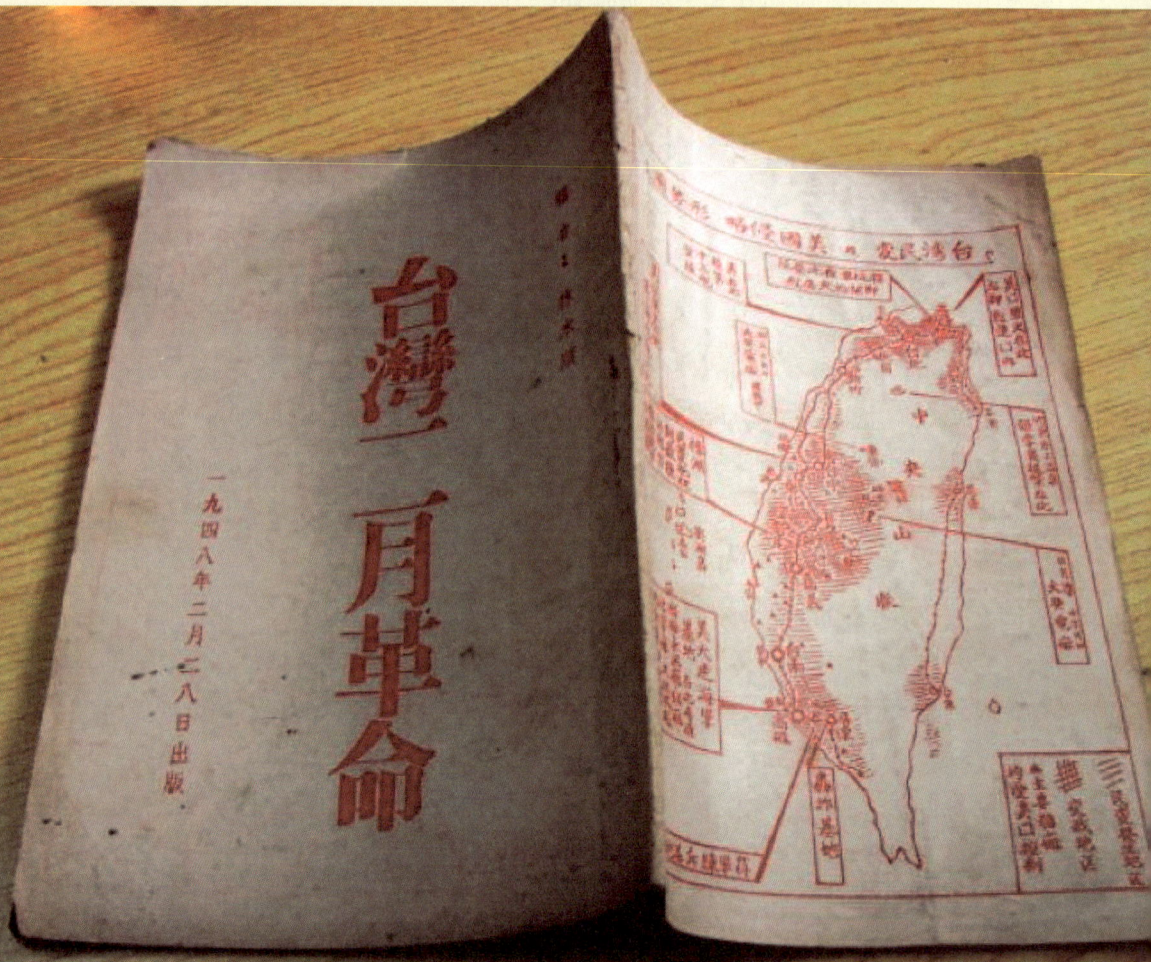

★《新台湾丛刊》之《台湾二月革命》

度缺乏武器弹药，而且同乌来的山地同胞的联系也出了问题，终于在凌晨下令解散了。

由于当局对民众的武装行动有所察觉，以及民众的武器弹药极其匮乏、联络不畅等原因，导致这次武装起义计划流产。3月4日深夜，张志忠从中南部赶到台北桃园，与蔡孝乾共商武装斗争方案。据台湾解密档案记载，当时蔡、张二人作出如下决定：

（1）民众已有武装及控制若干地区，国民党统治已崩溃，虽能增援，惟欲恢复统治，实非易事，尤其乡村绝难控制，决定党在台湾的工作，应以武装活动为主。

（2）控制武装，并以既得武器为基础，加强中南部的武装斗争，以期建立中南部的武装活动基地。

（3）尽量动员青年到台中去，并加强领导，迅速形成中南部的指挥核心，及建立指挥部。

（4）以自治联军名义统一组织各地武装。

（5）建立通讯联络。

上述文字来源于台湾方面的档案，文中的"自治联军"，即杨克煌、苏新以台共一大书记长林木顺名义合著的《新台湾丛刊》第五辑《台湾二月革命》所记"民主联军"。台工委组建这支人民武装的名称，反映了中共对台湾人民的民主自治政治主张的支持和肯定。

3月2日，台工委委员兼武装部长张志忠在嘉义领导武装斗争。3月3日，正式组建民主联军，张志忠任司令，简吉任政委。《台湾二月革命》对民主联军参加会攻嘉义飞机场的战斗记录如下：

在双方混战当中，市面忽发现数辆卡车，满载着武装青年，卡车两旁大书特书着"台湾民主联军"，到处粉碎蒋军……于是（人民军队，笔者注）士气大振。

★ 1947年3月，谢雪红、杨克煌、陈明忠、李乔松等在台中组建的"台中地区治安人民委员会作战本部"即"二七部队"，大部分都是学生兵。他们在"二二八"事件爆发后，与中国共产党领导下的张志忠、简吉领导的嘉南纵队一起以武装形式与国民党腐败统治抗争

在六、七、八三日的混战中，嘉义一些的男女学生都出动协助"民主联军"，男的参加战斗，女的编成救护队，救护负伤者，蒋军看见全体市民的英勇抗战，再退入飞机场，坚守不出。

据台湾解密档案记载：

3月3日，民主联军参加嘉义市街战；3月4日，参加会攻虎尾飞机场；3月5日，参加会攻嘉义飞机场，战斗持续数日；3月9日，撤离嘉义市区，集结于北港、朴子两地，准备展开小规模游击战；3月11日，以朴子为基地，袭击当地县政府、警察所等；3月13日，在新港至北港地区与国民党援军交战；3月15日，在撤往小梅途中遭遇国民党援军伏击。

自3月2日至15日，张志忠率领的民主联军坚持了14天，最终遭遇强大的国民党军队的猛烈攻击，民主联军损失惨重，几近全军覆没。驻小梅的简吉、陈篡地、张信义等人带领幸存力量退往深山，准备建立武装基地，以筹划再起。

在"二二八"事件中，台工委领导的武装力量主要集中在中南部，即张志忠在嘉义领导的民主联军和谢雪红在台中领导的"二七部队"。当时，台北、基隆、花莲、台东、高雄、屏东、台南、新竹、桃园等地的武装斗争，均系民众自发组织的，台工委在这些地区的组织力量薄弱，虽然对台北等地的武装力量产生了一定影响，但无法控制和领导武装斗争。

★ 1947 年在台中时期的谢雪红

"二七部队"的抗争

1947年2月28日，谢雪红和杨克煌获悉台北发生民众示威游行的消息后，立即联系中共党员林英杰（台工委成立后，张志忠单线联系谢、杨二人，1947年2月以后，转由中共党员林英杰单线联系），希望得到台工委的指示。不过，他们与林英杰尚未取得联系。3月1日，谢雪红出席台中中上层人士举行的联席会议，会议决定支持台北市民反抗国民党当局的斗争。3月2日，台中召开市民大会，杨克煌报告台北情况，谢雪红被推选为大会主席。谢雪红就任主席后，详述陈仪暴虐政治的事实与目前台湾的形势，强调人民必须团结起来，结束国民党一党专政，实行台湾人民的民主自治。所以要响应台北市民的英勇起义，不怕牺牲，斗争到底，争取彻底的胜利。

谢雪红领导台中人民包围警察局，进攻敌军据点，收缴了一批武器弹药，并挑选青壮年组成武装队伍。她向青年发表演讲，提出台湾实行民主自治的政治理念，并强调三条原则："一、不要杀伤外省人。二、不要拆毁物资房屋。三、一切武器尽握在人民手里。"青年们一致赞成。

在"二二八"事件中，台北和台中市民不谋而合的举动——撕碎蒋介石像，而孙中山的像则毫发无损——反映台湾人民反对的是以蒋介石为代表的国民党贪污、腐败、专制当局，而非某些人所指的本省人与外省人之间的矛盾冲突。

《新台湾丛刊》之《台湾二月革命》披露了2月28日发生在台中的一个细节：

一群民众冲进三青分团内，把一幅高达三公尺的蒋××画像打得粉骨碎身，另一幅孙中山先生的遗像则安然自在，这个事实证明了激昂起来的民众还有理智，也知道台湾人民的真正敌人到底是谁。

★ 中共党员张志忠烈士

无独有偶，"二二八"事件亲历者、时任台湾《中外日报》记者的周青，这样回忆 2 月 27 日愤怒的民众冲进台北烟草专卖局的情景：

头一批的群众去包围专卖局，把所有东西搬出来烧。这里面有一个特点，专卖局里，有两张像，一张是孙中山，一张是蒋介石，蒋介石的像被人撕下来，孙中山的像却没有。这个差别在于，光复之后台湾成立了很多三民主义青年团或是学习班，对孙中山先生非常崇拜，但对于蒋介石派了陈仪及其官员来台湾贪污，台湾人是恨蒋介石的。

关于武装斗争，台湾历史学者、作家杨渡有这样一段简要描述：

在台中，则是谢雪红出来领导。她在日据时代就是知名的社会运动家，敢于反抗，又有领导才能，台中迅速逮捕县长，成立二七部队，召集地方年轻人参加，最后更带领部队退入埔里，打了几场小型战役。但因为知道军力不成对比，而宣告解散。

在嘉义，则是更激烈的战役。云嘉南一带，在"二二八"之前，中共台湾省工委的武装部长张志忠，就与日据时代农民组合的领导人简吉在这里活动。简吉品格高洁，一心为农民做事，在农民中，有非常高的声望。"二二八"发生后，他们迅速组织起来，与陈篡地成立"嘉南纵队"（从这个名字就可以想见它的"红色性质"了）。简吉担任政委，为最高领导人；张志忠任司令员；陈篡地任副司令员；下面有朴子、北港、新港等八个支队。陈篡地是日据时代眼科医生，被征召去南洋当军医，战后加入胡志明部队，在越南打游击，可说是"二二八"当时唯一有游击战经验的人。所以当他们攻打机场的时候，知道用水攻，打下一座机场。当 21 师来的时候，他们迅速向山区撤退，准备在小梅成立武装基地。整个部队也改名为"台湾自治联军"，准备与谢雪红会合，变成"民主自治联军"。但因为前往小梅基地探路的张荣宗所率领的先头部队遭到伏击，几乎全军覆没，所以放弃武装基地，游击队解散，全面潜入地下。（见杨渡《"二二八"事件的

無悔

陈明忠
回忆录

一個台灣人怎麼走上反抗日本殖民統治之路
一個台灣人怎麼走上社會主義革命之路
一個台灣人怎麼走上統左之路
請看一個八十五歲的老台灣人怎麼說

李娜——整理編輯
呂正惠——監製

★ 曾经担任"二七部队"突击队队长的陈明忠，后被国民党当局关押21年！他一生追求祖国统一。图为他的回忆录《无悔》封面

六个最基本史实》，台湾《联合报》2006年2月28日。）

3月3日，台中的军政机关已全部被人民控制，谢雪红组织成立"作战本部"。3月4日，谢雪红根据台工委书记蔡孝乾的指示，将台中的武装队伍指挥权移交给台中处委会，由日据时期的日本海军陆战队海军大尉吴振武任司令，谢雪红任参谋。当时，蔡孝乾让谢雪红交出军事指挥权的理由是："谢雪红色彩太浓厚，太暴露了，令其交出军权，集中精力搞政治斗争，参加处理委员会以掌握政权。"以后，在"香港会议"上，中共批评了蔡孝乾这次放弃武装斗争领导权的错误指示。

3月5日，张志忠与蔡孝乾分别后，从桃园赶到台中，联络谢雪红和杨克煌。谢雪红回忆道：

杨克煌告诉张志忠，谢雪红已经五昼夜未寝未食，身体恐不能再支持，希望上级组织立即派人来接替或帮助；并向张志忠埋怨，奉命交出军事指挥权后，不仅不能支援台南、台北的武装斗争（原本是有这个武装力量的），连台中自保也比较困难。张志忠认为尚无适当人选代替谢雪红，杨克煌希望张志忠本人前来领导台中的武装斗争。张志忠说可以考虑，但是，他走后并未再来。

张志忠联系谢、杨二人，掌握了台中的武装力量状况，肯定谢雪红在台中武装斗争中的领导作用。杨克煌建议张志忠亲自领导台中的武装斗争，张志忠表示可以考虑，反映张志忠有整合台中、嘉义武装力量的考量，这与台工委先前确定以中南部为主开展武装斗争、统一领导武装队伍的计划相吻合。

3月6日，谢雪红、钟逸人等组建"二七部队"（"二二八"事件的导火索发生于2月27日，故而起名"二七部队"），钟逸人、周明任队长，陈明忠任突击队队长。据追随谢雪红革命的"二七部队"队员周明（后加入台盟）回忆，"二七部队"主要由台中师范、台中一中、台中工艺学校、台中商业学校等校学生，以及黄文辉领导的嘉义队员组成。3月7日，谢雪红和吴振武正式接受第三飞机厂的投降。谢雪红请杨克煌起草了有关人民政权的宣言、政治纲领等文稿。3月8日，人民政府的印章已刻好，但由于国民党援军登陆比预料的更迅速，人民政府未能正式宣布成立。

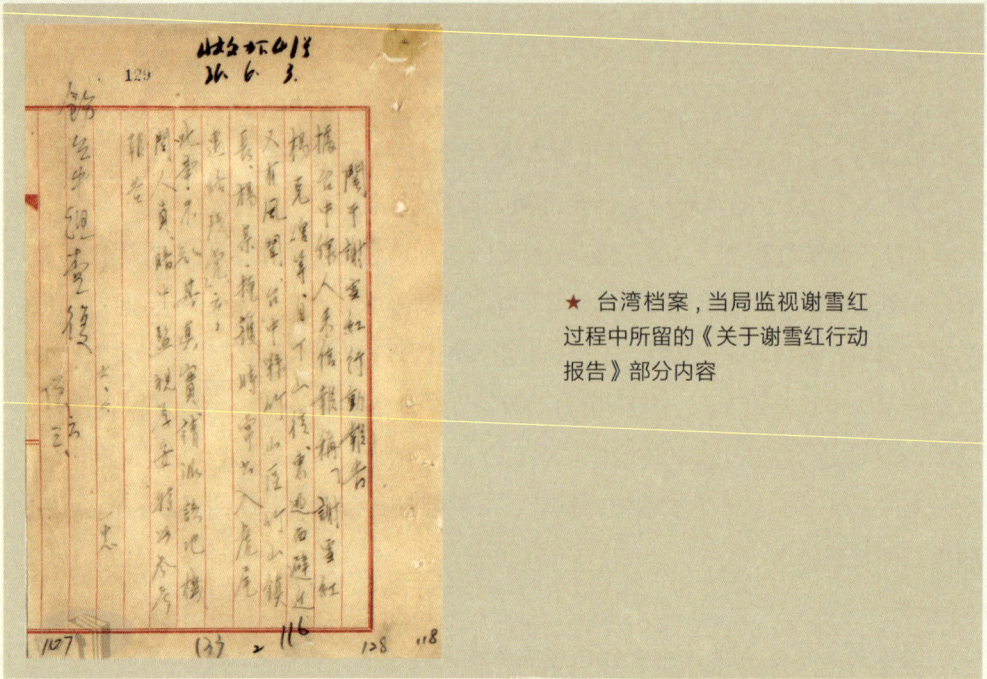

★ 台湾档案,当局监视谢雪红过程中所留的《关于谢雪红行动报告》部分内容

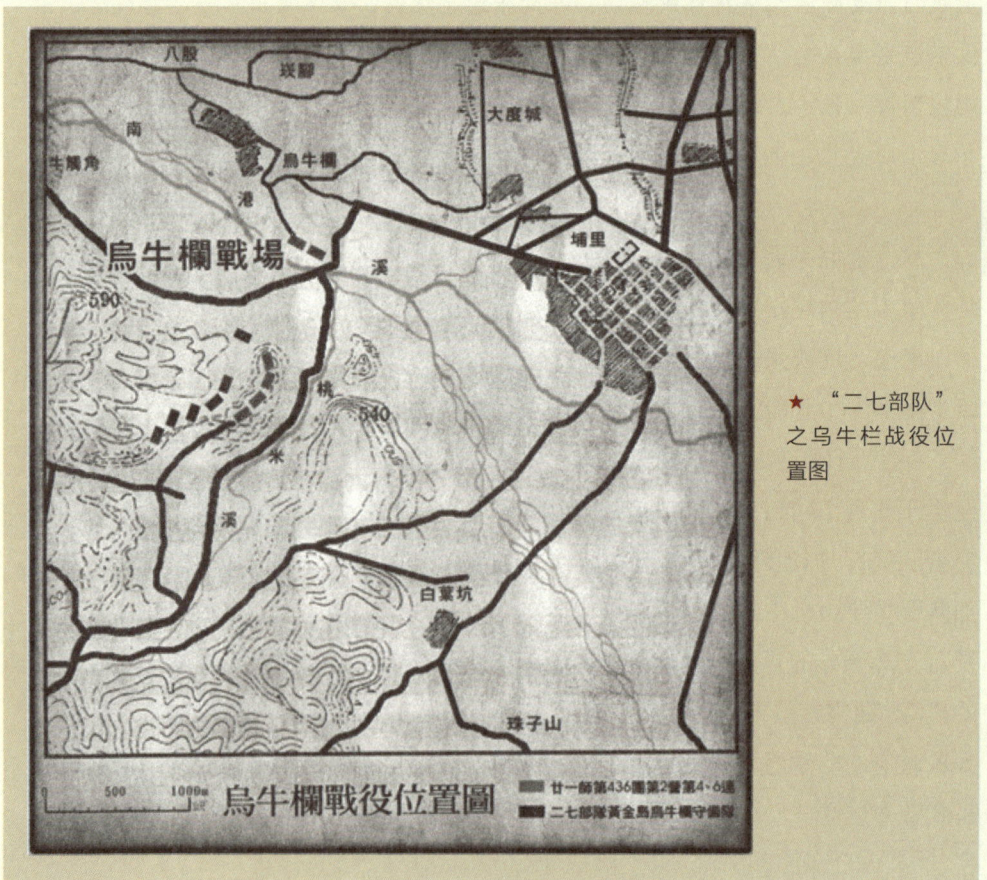

★ "二七部队"之乌牛栏战役位置图

　　3月8日夜,蔡孝乾在大华酒家与谢雪红会面。杨克煌称,这是蔡孝乾返台后第一次会见谢雪红。蔡孝乾告诉谢雪红:"我们决定最近要召开一个全省武装力量的会议,成立一个全省的武装领导机构,你们也要准备参加……局势变化时,"二七部队"就转移到埔里的山里去。"此外,蔡孝乾还联系了杨逵等台中进步人士。

　　3月8日—12日,蔡孝乾在台中筹备军事联合指挥部。谢雪红回忆道:

　　蔡孝乾负责召集军事联合指挥部的会议,各地干部陆续抵达台中,至3月11日已有50余人,但张志忠尚未赶到,而敌已迫近市区,统一指挥部未能成立。

　　当晚蔡即通知谢雪红立即离开台中。3月12日上午,蔡孝乾约见杨克煌、谢雪红,商定撤退埔里的步骤及联系办法。谢雪红根据蔡孝乾的指示,率领"二七部队"退往埔里。3月14日,谢雪红、杨克煌接到中共联络员谢富传达的台工委指示:"党员立即停止一切活动,隐蔽起来,以保持组织的力量",在适当的时候解散"二七部队",队员可以自愿到小梅参加在该地的民主联军。3月16日,周明根据谢雪红的指示解散"二七部队",化整为零,潜伏于山间开展游击战。3月17日,谢雪红、杨克煌撤退到竹山,与张志忠取得联系。基于安全的考虑,张志忠让谢雪红和杨克煌在竹山待机而行,不主张他们前往小梅。在竹山隐蔽期间,谢雪红以莫斯科留学时期的旧友身份致信蒋经国,阐明台湾人民反抗国民党当局的缘由,要求蒋经国"不得追究台湾人民,不得镇压人民"。

　　当台工委确定"二二八"的武装斗争方案后,台北党组织鉴于台北的国民党兵力集中,党的力量薄弱、武器极其匮乏的现状,曾向已掌握台中武装力量的谢雪红提出武器援助的要求。然而,原台工委党员杨克煌和叶纪东对此事的描述却大相径庭。

　　杨克煌回忆道:

　　3月6日上午,听说有许多青年学生从台北来到台中,他们是在台北得知台中武装斗争胜利了,大家商量的结果,打算来台中武装自己,然后编队回去攻打

★ 2017年2月23日，黄幸先生（左）与台盟中央原主席张克辉先生在台盟中央举办的纪念台湾人民"二二八"起义七十周年活动中交谈

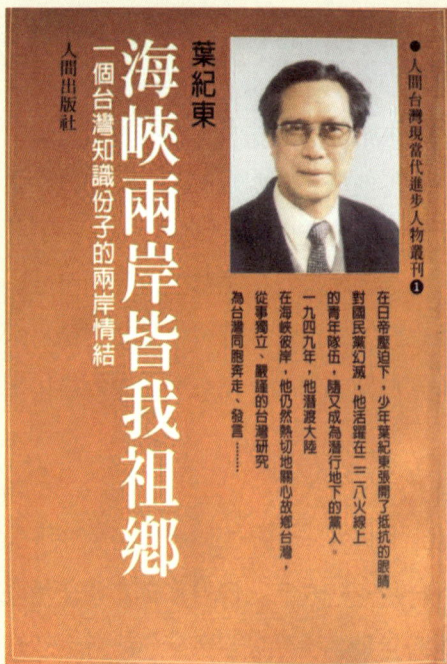

葉紀東
海峽兩岸皆我祖鄉
一個台灣知識份子的兩岸情結

人間出版社

人間台灣現當代進步人物叢刊①

在日帝壓迫下，少年葉紀東張開了抵抗的眼睛。對國民黨幻滅，他活躍在二八火線上的青年隊伍。隨又成為潛行地下的黨人。一九四九年，他漂遊大陸，在海峽彼岸，他仍然熱切地關心故鄉台灣，從事獨立、嚴謹的台灣研究，為台灣同胞奔走、發言……

★ 图为"二二八"亲历者叶纪东先生著作《海峡两岸皆我祖乡》封面

058

台北。

林良材等人也是这个时候来本部的,他要求我支援他们武器。我说我们只剩下手榴弹,就给他一大皮箱的手榴弹。后来据林良材说,他在台北和阿忠去接收了几十支步枪……

关于杨克煌的上述说法,"二二八"事件亲历者黄幸(1948 年 10 月赴沪联系上海台湾同乡会,曾参加抗美援朝战争,曾任台盟中央台情研究委员会委员)认为:

在"二二八"事件中,杨克煌支援林良材一大皮箱手榴弹的说法可能是真实的,当时我在台北士林,我领到了三颗手榴弹。

叶纪东(1928—2000 年,台湾高雄人。"二二八"事件时期的学生领袖之一,中共台湾省地下党员,曾任中央人民广播电台台播部主任、台盟总部顾问、台盟中央常委)则说:

地下党台湾省工作委员会曾商量……武装队伍的问题,听说谢雪红那边有一批武器,就派了林良材到台中去联络,希望台中能支援台北学生青年队伍的武装,结果遭到谢雪红的拒绝。

1947 年 2 月 28 日,谢雪红和杨克煌紧急联系台工委。恰如吴克泰在"二二八"事件发生当时寻找党组织的亲身体会:"因为大家都就地参加了斗争,互相像捉迷藏一样,互相都找不到。"谢、杨二人直至 3 月 4 日方与台工委取得联络,得到台工委书记蔡孝乾要求谢雪红将掌握的武装指挥权移交台中处委会的指示,虽然谢、杨对此十分不理解,但是,他们仍然服从党组织的命令。既然如此,谢雪红不可能对党的武器援助要求置之不理。

事实上,正是由于执行了蔡孝乾要求移交武装指挥权的命令,致使谢雪红失去与基隆左营海军要塞的台籍士兵里应外合,占领要塞军械库的机会。杨克煌还

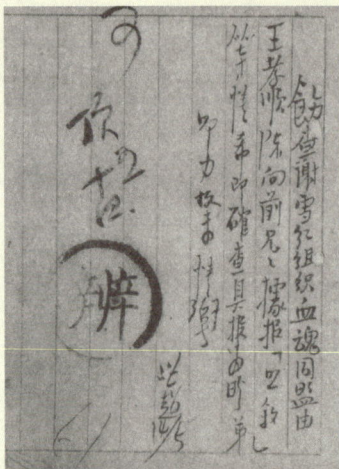

★ 张道福给谢雪红的信，见
《台湾档案 谢雪红卷宗》

★ 当局情治部门密报的关于谢雪红组织
"血魂同盟"部分档案件

★ 1956年6月10日，台籍日语翻译陈弘（右）在太原的审判日本战犯的法庭上担任翻译。据陈弘先生回忆，参加审判日本战犯担任翻译工作的台胞有六人，即：纪朝钦、蔡铭熹、陈妙龄、冯志坚、谢水秀、陈峰龙，他们在参加对日本侵华战犯审判这一重大活动中兢兢业业、勤奋工作，台湾同胞在抗日斗争中没有缺席

★ 《台湾人民团结起来》，作者志中，疑为中共台湾省工委张志忠。原载台盟《新台湾丛刊》第二辑《胜利割台湾》。1947年11月1日香港新台湾出版社发行，2012年10月台海出版社重印

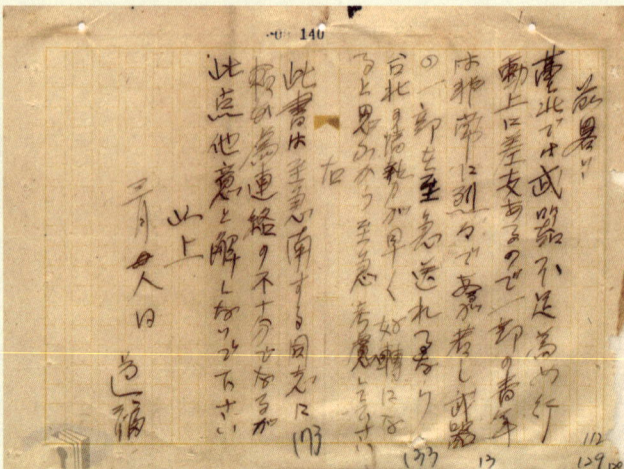

台灣人民團結起來！

志中

向张志忠抱怨，奉命交出军事指挥权，直接影响对台南、台北武装斗争的援助。当时，谢雪红组织的作战本部军权被台中处委会控制，武器弹药被集中。虎尾、嘉义、高雄、台北等地请求武器援助的代表到台中后，台中处委会武装拒绝发枪支援，驻作战本部的谢雪红、杨克煌只能将仅余的弹药分给各地代表。从当时的情形看，谢雪红并非不愿意支援台北武器，实是无能为力。关于谢雪红拒绝给予台北武器援助的说法，可能是不了解内情而产生的误会。

因为杨克煌提供的一箱手榴弹，远远满足不了台北党组织开展武装斗争的需要，因此，台北党组织派与谢雪红交情颇深的党员张道福再次联络谢雪红。台湾档案局典藏的 2012 年 9 月 10 日解密的谢雪红档案资料，有一份国民党情治机构在台中谢雪红宅中搜查到的张道福致谢雪红的日文信件（此信敬请资深日文专家陈弘老翻译，在此深表谢意）。

全文内容如下：

（前略）

在台北因武器不够，行动有影响，一部分青年强烈要求，如果有一部分武器尽快送来，台北形势就会好转，请尽快考虑。

此信要托很快南下的同志，在联络不充分的情况下，不要误解。

此致

三月八日　道福

1947 年 3 月 8 日，张道福致函谢雪红援助台北武器事宜时，国民党援军已在基隆登岛，并于 3 月 9 日晨入台北，切断了台北与其他地区的联系。台北党组织受蔡孝乾直接领导，谢雪红收到台北来信，不可能不向正驻台中筹备军事联合指挥部的蔡孝乾报告。面对强大的国民党援军，谢雪红的武器支援犹如杯水车薪，并将对台中的人民武装造成掣肘的后果。显然，谢雪红此刻再给予台北武器援助已无意义。

"二二八"事件发生后，台湾《人民导报》社长宋斐如撰写社论指出，"在这剧烈变动当中，如果当局回忆初来台时，台湾同胞箪食壶浆的欢迎盛况，与今

★ 台湾革命先贤宋斐如，"二二八"事件时被国民党当局杀害。图为20世纪40年代，宋斐如夫妇在台北

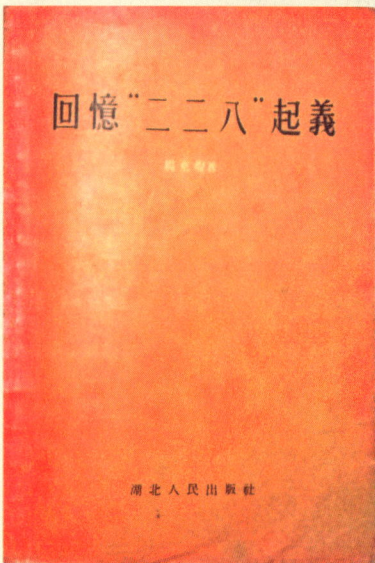

回憶"二二八"起義

湖北人民出版社

序言

謝雪紅

台灣自古以來就是中國神聖不可分割的一部分。兩千年以前，還在我國秦漢時代，中國大陸上的先民就發現了這個位在大陸東南海上的美麗的島嶼。其後我們勇敢勤勞的祖先，就逐漸從大陸沿海各地移居到這些島嶼。他們在這些原來是荒蕪的島嶼上，披荊斬棘，開荒拓殖，辛勤勞動，用自己的血汗把它建設成為祖國的富饒的寶島。

早在一千三百多年前，隋朝的時代，在我國的歷史上就已經正式有過國大陸和台灣關係的詳盡記載。在漢朝時代中國先民稱台灣島為'束鯷'，在漢書或稱為'大宛國'，在三國時代稱'它為'夷洲'，隋朝時代稱'它為'琉求'，或'溜求'等等。許多歷史事實都證明台灣在一千多年前就和中國大陸有了密切的聯系。十二世紀時，南宋政府明令澎湖諸島（包括台灣）隸屬福建晉江縣；這時台灣就正式成為中國行政區劃的一部分了。公元一二九二年至一二九四年間，元朝政府在澎湖設置了巡檢司，管理台灣和澎湖的地方行政。這說明至遲在南宋時期，中國即已在台灣設立地方政府，行使主權，而在這時台灣已正式成為中國福建省的行政區域的一部分，正如海南島是廣東省的一部分一樣。

遠在哥倫布發現美洲新大陸之前，中國先民就已經移居到台灣，遠在美國獨立之前，台灣已經是中國版圖的一

1

★ 左图为杨克煌著《回忆"二二八"起义》封面（1955年，湖北人民出版社出版），右图为谢雪红为本书所作的序

★ 1947年3月11日《时代日报》（上海）剪报

062

日一相对照，当可恍然自省。"宋斐如曾任台湾行政长官公署教育处副处长，在"二二八"事件中，他因批评国民党当局的种种劣迹惨遭杀害。遇害前夕，他再提台湾人民满怀希望迎接国民党接收官员和祖国军队到来的情景，与此刻台湾人民对国民党恶政的反抗形成鲜明对比，直戳问题要害。谢雪红在"二二八"中领导"二七部队"与国民党当局进行武装斗争，她并强调三条原则："一、不要杀伤外省人。二、不要拆毁物资房屋。三、一切武器尽握在人民手里。"日后，她为杨克煌的《回忆"二二八"起义》一书作序，反复强调台湾是中国的一部分，希望同胞从"二二八"的历史悲剧中吸取经验教训，为祖国统一而努力。作为"二二八"亲历者，宋斐如和谢雪红的爱憎讲述异曲同工，他们的爱国爱乡情怀溢于字里行间。

值得特别说明的是，"二二八"事件，台湾民众主要是反对国民党当局的恶政，要求民主自治，并没有所谓"台湾独立"之类的诉求。一部分居住在大陆的台籍人士团体在事件发生后派代表赴台了解情况，回大陆后特别声明并向当局发声：

"台民所欲争取者为地方自治，并非叛离政府，更未有何离心企图。"

————（上海）《时代日报》，1947年3月11日，题为《李伟光谈——希望采纳合理要求，极力避免武力镇压》

"台湾不是异邦，是我们所爱的国土的一部分，台胞这一次血洗的抗议，绝没有地域的观念，更没有仇恨外省人的心里。"

————（上海）《时代日报》，1947年3月11日北平专电《台湾旅平同学会为台湾骚动事件发表告全国同胞书》

1947年4月12日，台湾旅京（此处指南京）沪七团体（旅沪台湾同乡会、上海台湾同学会、旅京台湾同乡会、台湾政治建设协会上海分会、闽台建设协进会上海分会、台湾重建协会上海分会、台湾革新协会）"二二八"惨案联合后援会印发《台湾大惨案报告书》，其中《台湾旅沪六团体关于台湾事件报告书》一文写道："纽约《华盛顿邮报》主张将台湾交与联合国托管，或脱离中国，此种

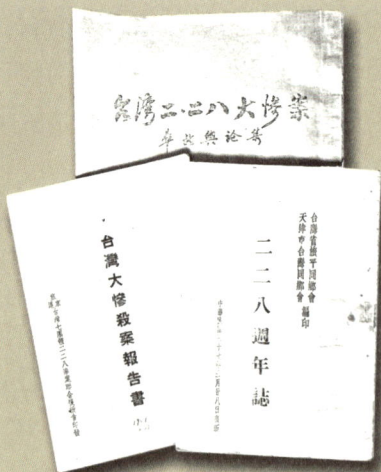

一個台灣婦女的申訴

·斐英·

我站在一個台灣婦女的立場，在這裡向全國的同胞姐妹，申訴，我們三百多萬的台灣婦女是在過濟怎樣的生活？

中日戰爭打敗，滿清政府即把我們居住的台灣，割讓給日本帝國主義者當作殖民地，我們受過五十多年日寇的殖壓剝削，其後幸賴全國同胞的八年英勇抗戰，把我們的台灣收回了。可是不幸，我們雖然贏回了做中國國民的資格，豈不是比奴隸還要悲慘。

本係國主義者被打敗，我們是比奴隸還要悲慘。其實是比奴隸還要悲慘。然而八年抗戰的偉大任務，豈不是中國要獨立、統一、民主呢？我們台灣人民以為光復必然會得着解放，必會得着民主，但是事實卻完全相反，台灣人民仍然在法西斯獨裁的統治下晝夜呻吟怨嘆，我們婦女依然受着忍無可忍的侮辱、壓迫、束縛，我很誠懇地、沉痛地、冀以教訓，加以檢討、關係斐然，更加強化。

· 85 ·

★《一个台湾妇女的申诉》是谢雪红以"斐英"为笔名发表的文章。原载台盟1947年11月出版的《新台湾丛刊》

★台海出版社出版的《大陆台胞与"二二八"事件史料集》，包括《台湾大惨案报告书》《台湾"二二八"大惨案——华北舆论集》《"二二八"周年志》等

幸灾乐祸意欲分裂中华民族团结之言论，我们坚决反对。"

这是美国舆论界继1942年年底抛出台湾"托管论"之后的又一次旧话重提，美国实际上是台湾"托管论"的始作俑者。"二二八"占据了当年美国主流报刊的重要版面，成为具有西方观点的中国1947年大事件之一。

1947年4月20日，台湾省旅平同乡会、天津市台湾同乡会、台湾省旅平同学会联合印发《台湾大惨案报告书——华北舆论集》，向台湾寄发，以示声援，并在全国各地产生了一定影响。其发刊词强调："我们确信，台胞以血泪写成的这一部有史以来空前的史诗，它将会结成一颗美满的果实，它不但不能与祖国划成一道深深的鸿沟，相反的，它将因此而更能加深认识，辨别是非，进一步的和全国同胞接近亲密。反过来说，也就是不但不能离心，而将更加趋上向心！"《华北舆论集》不仅表达了台湾与祖国不可分割的血脉联系，并对台湾人民的抗争运动是要求民主自治的政治改革，而非排斥外省人运动，非叛离祖国之举，作了较为详尽的阐释。这份宣传册是当年的北平地下党领导、支持平津台胞声援"二二八"的历史见证之一。

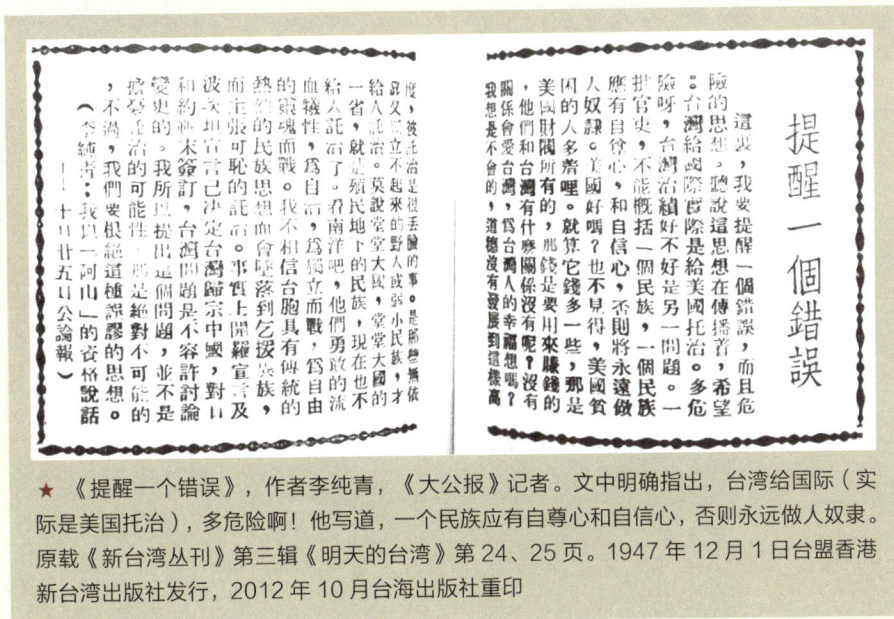

★《提醒一个错误》，作者李纯青，《大公报》记者。文中明确指出，台湾给国际（实际是美国托治），多危险啊！他写道，一个民族应有自尊心和自信心，否则永远做人奴隶。原载《新台湾丛刊》第三辑《明天的台湾》第24、25页。1947年12月1日台盟香港新台湾出版社发行，2012年10月台海出版社重印

莊嘉農著

憤怒的台灣

智源書局發行

★ 苏新所著《愤怒的台湾》（庄嘉农是苏新的笔名），1949 年 3 月在香港出版。他的作品大多数是反映那个年代台湾人民抗日斗争和反对国民党独裁统治的内容。他历经台湾共产党抗日活动、组织台湾工人运动、"二二八"起义等，是台盟的创建人之一

一年之后，平津两地台胞又编印了《"二二八"周年志》，用更多篇幅阐述、澄清"二二八"与"台独"没有关系。此时，"二二八"被强加上"台独"色彩的负面影响逐渐扩大了。这一负面影响，是廖文毅、廖文奎兄弟在美国的扶持下，于香港组建台湾再解放联盟，主张台湾"托管论""台独"等造成的。在"二二八"亲历者谢雪红的领导下，台盟早期刊物《新台湾丛刊》第二辑《胜利割台湾》，坚决反对"二二八"事件之后出现的台湾"托管论""台独"等主张，整个专辑完全是针对廖文毅而来的。

时任《大公报》记者的台籍人士李纯青曾撰文《提醒一个错误》指出："台湾给国际实际是给美国托治……他们和台湾有什么关系没有呢？没有关系会爱台湾、为台湾人的幸福想吗？我想是不会的，道德没有发展到这样高度，被托治是很丢脸的事。"这段文字一针见血地揭露了美国鼓动台湾"托管"的本质，其微言大义令人彻悟。

周梦江，这位在台湾光复后与谢雪红等人一起在台湾编办《和平日报》（台湾分社），后加入台盟的老人，在1995年的《台湾旧事》中有这样一段话：

台湾"二二八"起义主要领导人，前台湾民主自治同盟总部主席谢雪红女士，离开人世已有十九个年头了。她当时在台湾，特别是在台中一带，是个家喻户晓、妇孺皆知的人物。而今天知道她的人不多了，可是流言蜚语却多起来：有些人将她捧为"台湾独立"的旗手，有些书如台湾出版的《蒋介石传》竟说她是亲日分子。这些流言蜚语不知从何而来？（原载《台湾旧事》，作者周梦江、王思翔，叶云云编。台湾时报文化出版公司1995年版。）

"二二八"亲历者苏新的著作《愤怒的台湾》于1949年在香港出版。此书强调，"'二二八'民变是台湾全省人民一齐起来反抗国民党统治，要求民主自治的斗争"，"并不是要求'台湾独立'的斗争"，并揭穿了美国在"二二八"中制造"托管""独立"谣言的阴谋，批驳其在"二二八"之后继续扮演的不光彩角色。在以后的"二二八"纪念活动中，坚决反对"台独"一直是海峡两岸乃至全世界爱国同胞所表达的重要观点之一。

★ 旅沪台湾同乡会和伟光医院都是中共地下联络站，负责人是台籍革命活动家李伟光。20 世纪 40 年代，接待了大量来自岛内的参加"二二八"起义后来到上海的台籍进步青年。图为 20 世纪 40 年代，上海伟光医院前的李伟光

撤离台湾

1947年3月末，负责中共上海局台湾工作的张执一奉命秘密赴台，向台工委传达中共中央和上海局关于"二二八"事件的具体指示。台湾解密档案记载如下：

卅六年三月末（"二二八"事变后——笔者注），章（天鸣——笔者注）又来台，除转达中共中央于"二二八"事变中的指示：（1）"二二八"事件开展了黄河以南的民主运动；（2）牵制国民党军队，客观上帮助了解放军的解放战争；（3）要求不屈服，不投降，继续武装斗争到底。并附有华东局的补充指示：①根据主观力量，不可要求过高，应适可而止；②事变后国民党统治会加强，主要干部应即转入农村；③不能存在及暴露的干部应尽量撤走。

"章天鸣"即张执一的化名。华东局即当时的中共上海局，1949年5月上海解放后改称华东局。组织关系上，上海局与台工委属上下级。上海局的台湾工作由张执一负责。台湾解密的这批与台工委有关的档案，均系上海解放以后形成的，因而，凡涉及台工委的上级组织，均统称为华东局。华东局根据中共中央的指示精神和台湾的客观斗争形势，做出了三条补充指示。接到张执一传达的上级指示后，台工委决定：由于敌我力量悬殊太大，为保存党的力量，暂时隐蔽；武装力量撤往山区继续开展游击战；暴露身份的同志撤离台湾，赴沪联系党的秘密交通站——上海台湾同乡会。上述指示，很容易使人联想到中共领导人毛泽东的"打得赢就打，打不赢就走"的军事名言。在"二二八"事件中，台工委下达的隐蔽、撤离指示，不是逃跑主义，而是为了更好地与敌人继续战斗的一种斗争策略。这也正如中共中央在3月8日发出声援"二二八"起义的《台湾自治运动》

后不久，主动撤出延安一样。

1947年6月，谢雪红根据台工委指示撤离台湾，赴沪联络上海台湾同乡会，进而与上海局取得联系。在上海期间，她向上海局负责台湾工作的领导张执一汇报"二二八"起义经过，总结了十条经验教训。谢雪红认为，"党员在这次暴动中领导群众斗争，非常英勇，不怕牺牲，发挥了很好的作用。"她并自我检讨，"对整个斗争没有通盘的筹划，没有从各方面加以估计，光凭热情激动，则是应该检讨的。当时，我认为一打起来就会成功，没有估计敌我力量和国内外情况。"据与谢雪红一起参加武装斗争的周明回忆，谢雪红反思"二二八"事件时，曾告诉他："革命没有一帆风顺的。这次武装起义虽然失败了，但人民在斗争中得到了磨炼，提高了政治觉悟，这是很大的收获。这次斗争，对今后的台湾民主运动将产生深远的影响。我们为此献出生命也是值得的。"

1948年6月，在中共针对台湾工作而召开的"香港会议"上，就"二二八"事件的总结开了专题会。"香港会议"出席者来自大陆、台湾和香港的中共有关人士共几十人次，按照会议讨论内容，确定不同的参会者。据谢雪红回忆，出席"二二八"事件专题会的，包括上海局领导刘晓、张执一，香港工委书记章汉夫，台工委四人，及谢雪红和杨克煌。当时，台工委书记蔡孝乾、委员张志忠、洪幼樵、陈泽民参加"香港会议"，会上还宣布陈泽民为台工委副书记兼组织部部长的任命。他们四人应该在谢雪红所指的"台工委四人"之列。

"香港会议"对"二二八"事件作如下结论："二二八"暴动的性质是台湾省人民反对国民党在台湾的专制腐败统治，要求台湾省人民民主自治的斗争，不是要求"台湾独立"的斗争；"二二八"暴动是台湾人民自发进行的抗争，台工委积极参加"二二八"斗争是正确的，党在斗争中接触到许多进步人士，为党组织的发展奠定了基础；谢雪红等人抓住有利条件，组织领导群众展开坚决的武装斗争，表现是不错的；蔡孝乾不积极争取并坚持武装领导权——让谢雪红将台中武装指挥权移交处委会——是错误的决定；台工委的组织力量薄弱，敌我力量悬殊太大，起义失败是必然的，不能将失败的责任归咎于个人。

蔡孝乾被捕叛变后，就台工委与台盟关系作了交代：

问："香港会议"对于"台湾民主自治同盟"的组织为何决定？

答：当时决定该盟组织系属群众团体，由谢雪红任主席，首脑部设在香港，指挥在台工作。此项工作与"台湾省工委会"组织完全分开，不相混合。鉴我再未接触过，故对该盟在台活动情形并不明略。

台湾人民"二二八"起义是中国新民主主义革命的一部分，"是台湾人民民主革命历史上最光辉的一页"。虽然台湾人民反对国民党恶政的斗争失败了，但是，这次燃烧全岛的斗争，对台湾人民反对腐败专制、要求民主自治、寻找红色祖国起到了重要的推动作用。

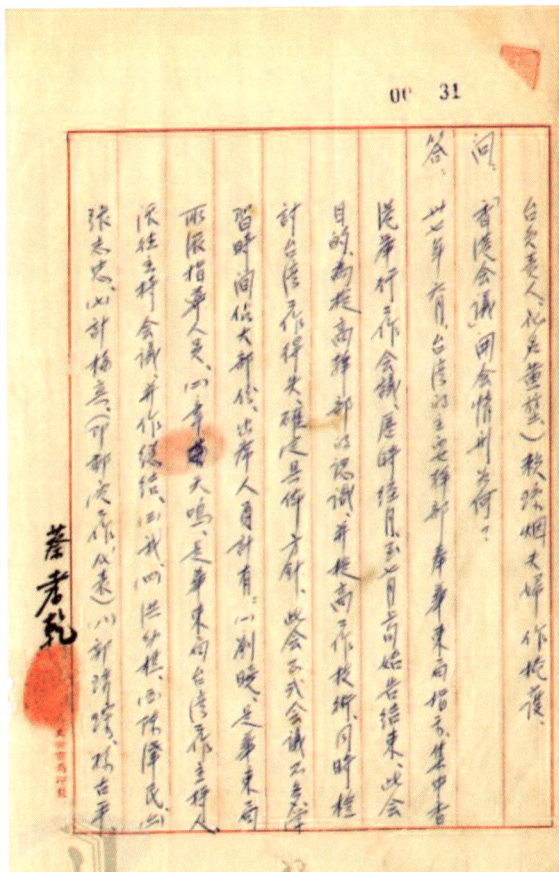

★ "蔡孝乾审讯档案"部分。台湾当局有关档案

从中共中央在延安发出支持台湾人民民主自治运动的广播，中共党员参加"二二八"抗争，到台湾民主自治同盟成为追随中共的中国八大民主党派之一，可见中国共产党始终如一地支持台湾实行民主政治和地方自治，党为此作了许多努力，反映了党对台湾同胞命运的关切，更印证了"两岸同胞同属中华民族，这种天然的血缘纽带任何力量都切割不断"的事实。

★ 《恐怖的检查——台湾"二二八"事件》,力军(黄荣灿)木刻版画(14厘米×18.3厘米),该幅作品第一次公开发表是在1947年4月28日上海的《文汇报》"笔会"专栏,作者署名"力军",这是黄荣灿在柳州时代常用的笔名。该作品是控诉国民党当局滥杀无辜的重要宣传品。同年11月3日在上海举办的"第二届全国木刻展"中,首次公开展出了该作品。次年2月,主办者把该展览的228件作品全部捐赠给了日本收藏家内山嘉吉。1974年,内山嘉吉把他前后收藏的中国版画都捐赠给了日本神奈川县立近代博物馆。黄荣灿的作品很多,这是他的代表作

资料:《恐怖的检查——台湾"二二八"事件》这幅巴掌大的版画在台湾老一辈中家喻户晓,但多数人对创作者详细情况知之不多。黄荣灿(1920—1952),重庆人。毕业于昆明国立艺术专科学校。抗战时期参加剧队在西南各省从事抗日宣传活动,曾在广西柳州龙城中学任美术教师,1941年,兼任《柳州日报》副刊"草原木艺"版编辑。当选中国木刻研究会理事,并负责柳州木刻联展。抗战胜利后,1945年12月到台湾,在左翼的《人民导报》任副刊主编。1948—1952年任教于台湾师范学院艺术系。

他的主要作品有《黔桂路上》(1941)、《孩子在饥饿中》(1941)及本书中提及的两幅作品。其中《恐怖的检查——台湾"二二八"事件》小版画直

接以 1947 年"二二八"事件当天为版本，他以台北市延平北路天马茶坊查缉私烟的现场作为题材。画中具体描绘寡妇林江迈贩卖香烟遭到查缉镇压，来不及躲避，摊架被推倒，老妇人慌忙捡拾散落一地的私烟，专卖局的查缉员不顾旁人请求，以枪托撞击老妇人的头部。旁人或有已被击倒者，或有高举双手做投降状者，拿着手枪的缉私员作威作福的狰狞状，衬托无辜民众的惊恐。而后景中军用卡车上有四位持枪军警来到现场，"二二八"的肃杀之气跃然纸上。黄荣灿整张版画上写实的场景，还原了"二二八"事件现场。黄荣灿用刻痕记录了这段血泪的历史，却也为他埋下杀身之祸。1947 年"二二八"事件爆发，台湾一片恐怖气氛，黄荣灿并未逃离台湾，仍积极活跃于艺坛，遇害前还在中山堂举行现代画展，被喻为台湾第一位研究抽象画派者。黄荣灿被国民党当局以莫须有的罪名逮捕，1952 年 11 月，因"匪谍"嫌疑于马场町被枪决。事件发生后，不仅几位美术系老师合开的美术研究班草草结束，画坛写实主义也随之夭折，一位当时正在影响台湾近代美术发展的巨擘自此陨落。

1995 年，台湾吴澍培等人赴六张犁公墓探视木刻家梅丁衍在六年前于荒烟蔓草中找到的黄荣灿墓址。当地统计出的白色恐怖受难者坟冢达两百多座。黄荣灿用他火热的艺术生命走访兰屿少数民族，并用心描绘当时生活在贫困中的底层民众生活，带来具有人道关怀的写实主义画风，非常具有启发性。

★ 被国民党当局杀害的黄荣灿墓碑，经后人多年努力才找到（图摘自蓝博洲先生文）

★ 1947 年，力军（黄荣灿）以木刻版画《失业工人待救》写实地描绘了"二二八"事件前夕台湾民生的凋零惨状。此作品原载《台湾文化》1946 年 9 月第一卷第一期

★ 1947年2月"二二八"事件发生后，8月10日，中国学生联合会发表《告台湾同胞书》，声援台湾人民反对国民党独裁统治的英勇斗争，并号召祖国大陆与台湾学生联合起来，为共同的利益和祖国的前途而奋斗。（原载1947年9月25日出版的《新台湾丛刊》第一期《新台湾》第46页，2012年10月台海出版社重印）

★ 1948年7月，张执一在"香港会议"上作"二二八"斗争总结，杨克煌记录手稿（局部）

表 現

——有感於「二·二八」台灣人民起義

臧克家

五十年的黑夜，
一旦明了天，
五十年的屈辱，
一顆熱淚把它洗乾，
祖國，你成了一伸手
就可以觸到的母體，
不再是，祇許藏在深心裏的
一點溫暖。

五百天，
五百天的日子

還没有過完，
祖國，祖國呀，
獨裁者強迫我們
把對你的愛，
換上武器和紅血
來表現！

一九四七年三月八日於滬

（注：本詩曾於一九四七年在上海發表，爲紀念「二·二八」起義四十週年，特重刊於《人民日報》海外版）

★ 诗人臧克家创作的反映"二二八"事件的诗作《表现》，于 1947 年发表在上海媒体，1987 年 2 月重刊于《人民日报》海外版

★ 1947 年 12 月 1 日，香港出版的《新台湾丛刊》第三辑《明天的台湾》刊登台盟成立的消息

第三章　创建台盟

　　"自治"是台湾人民要求自己起来管理台湾的政治……这种政治思想是符合人民民主思想的，它的内容是革命的……这是"自治"的口号，是的确主张台湾的地方自治的，因此，反映着当时台湾人民的政治思想是肯定台湾为中国的一个行省的，而没有包含着企图实行从中国分离出去，实行"台湾独立"的意思。

——谢雪红

★ 著名爱国侨领庄希泉

庄希泉（1888—1988），厦门人。1912年加入中国同盟会。1922年在厦门创办厦门女子师范学校。1925年任国民党福建临时省党部执行委员。1934年赴菲律宾创办《前驱日报》。1938年赴香港主持福建救亡同志会、香港台湾革命同盟会。1941年在桂林组织闽台协会。1946年赴新加坡经商。1947年加入中国民主同盟。1947年9月与谢雪红等人在香港成立新台湾出版社，为《新台湾丛刊》做了大量的工作，向台湾人民宣传中国共产党的主张，抨击国民党独裁统治。与在港台籍进步人士团结合作方面做了大量的宣传工作，是台盟的挚友。庄希泉于1949年回到祖国。历任中央人民政府华侨事务委员会副主任，中华全国华侨联合委员会第一届副主席、第二届主席、第三届名誉主席，中国华侨历史学会第一届会长，第五、六届全国政协副主席。1982年加入中国共产党。是第一、二届全国人大代表，第三至第五届全国人大常委会委员。1988年5月在北京逝世，享年100岁。

赴香港开展工作

　　1947年7月，参加台湾"二二八"起义的台籍爱国人士谢雪红、杨克煌、苏新、周明等人经厦门、上海辗转抵达香港。当时一同赴港的中共上海局外县工委书记张执一，向谢雪红传达中共的决定："飞英（谢雪红）在这里做对台湾人民公开的号召工作，在香港成立一个台湾组，直接受中共上海局的领导。"

　　谢雪红按照中共上海局的指示，积极联系在港的爱国民主人士，拜访后来成为民革创始人的李济深，爱国民主人士何香凝、陈其瑗、蔡廷锴等人，并得到他们的热情支持。李济深还向谢雪红等人建议，挽留正在香港活动的著名台籍爱国人士丘逢甲之子丘念台先生等。

　　中共香港分局书记章汉夫直接领导谢雪红等中共党员的工作，章汉夫离港北上后，夏衍接任香港分局书记。在香港，谢雪红与一起到港的杨克煌、周明及稍后到港的老台共苏新同志等开展对台宣传工作，宣传中国共产党方针政策和当前人民解放战争时局等。他们广泛联系在港的爱国民主人士，举办研究会，创办进步杂志，将中国共产党的政治主张传播海内外。这一时期的工作，得到了中共的肯定，并逐渐奠定了谢雪红在台湾进步人士中的地位。至此，谢雪红在革命斗争的淬炼中，从最初的在压迫下抗争，逐渐成长为有较为成熟的政治观点和主张的有影响力的人物。

　　1947年8月，谢雪红与在香港的民盟成员庄希泉，在"二二八"事件前后离开台湾的同乡杨克煌、周明、施晓清、苏新、石霜湖、李自修、林田烈等人，以及在港的爱国民主人士共同组建台湾问题研究会；9月，成立新台湾出版社；并与在上海的台籍人士李伟光、李纯青，在北平的曾明如，在日本的杨春松等联系，加强对台湾人民的宣传工作。在此期间，民盟的庄希泉先生对在港的台籍革

★ 1947 年 8 月 25 日，新加坡《南侨日报》发表《台湾事变女英雄谢雪红告同胞书》

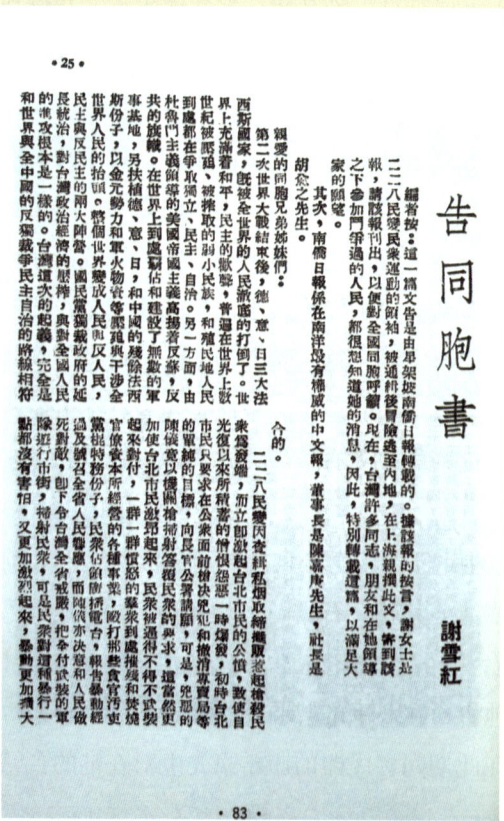

★ 1947 年 11 月，台盟出版的《新台湾丛刊》第二辑《胜利割台湾》全文刊载了谢雪红的《告同胞书》

★ 《新台湾丛刊》一共出版六辑，包括 1947 年 9 月 25 日出版的第一辑《新台湾》，1947 年 11 月 1 日出版的第二辑《胜利割台湾》，1947 年 12 月 1 日出版的第三辑《明天的台湾》，1948 年 1 月 1 日出版的第四辑《自治与正统》，1948 年 2 月 28 日出版的第五辑《台湾二月革命》，1948 年 5 月 1 日出版的第六辑《台湾人民的出路》

命人士的活动给予了极大的支持和帮助。庄希泉还亲自参与《新台湾丛刊》的策划、编辑、发行工作，并给予资助。庄希泉对台盟早期革命活动的热情支持，苏新、周明等在 20 世纪 80 年代经常提及，并给予高度的肯定。

为更好地向台湾传递爱国民主人士对中共政治主张的态度，谢雪红接受庄希泉的建议，以发表"告同胞书"的形式，号召台湾人民为反对国民党当局独裁统治、实现台湾民主自治的目标继续奋斗。这是台湾问题研究会策划的第一件大事。此文于 1947 年 8 月 25 日，在新加坡爱国华侨陈嘉庚主办的《南侨日报》发表，其后转载于香港《华商报》、《新台湾丛刊》第二辑《胜利割台湾》等。文稿是由杨克煌起草的，并得到中共香港分局负责文化宣传工作的夏衍的支持。

这是谢雪红离开台湾后的第一份政治声明，她说："台湾这次的起义（指'二二八'事件中反抗国民党当局镇压的'二七部队'和民主联军——编者注），完全是和世界与全中国的反独裁争民主自治的路线相符合的。""台湾各阶层人民为了新台湾的建设，需要一齐觉悟起来，团结起来，不断地奋斗。我们的目标是要求最彻底的民主自治，反独裁、反内战。""到上海以后，我拜访过许多民主人士，目睹祖国人民在抬头着，到处发现争民主、反独裁、反内战、反饥饿的拼命的斗争，这使我更加确信人民的胜利，已经迫在最近的目前了。"谢雪红呼吁台湾同胞"和全国人民联合组织全民族的统一战线"，为建立"独立、和平、民主的新中国"共同奋斗。

明天的台湾——斐

★ 谢雪红以"一斐"的笔名（杨克煌执笔）发表文章《明天的台湾》，进一步表达台盟的政治主张

在爱国民主人士的热情支持和赞助下，台湾问题研究会成立新台湾出版社，发行《新台湾丛刊》，杨克煌、苏新任编辑和主笔，民盟的庄希泉和在港进步人士刘雪渔为此做了大量工作。刘雪渔担任发行人。新台湾出版社的办公地为香港西营盘第三街一幢两层的楼房（对外公布为西营盘正街5号）。丛刊得到中共香港局和爱国民主人士的支持和帮助，香港局负责宣传工作的夏衍认真审阅丛刊的每一篇稿件，庄希泉为丛刊的出版经费奔波，爱国华侨陈嘉庚慨然捐款资助丛刊。

《新台湾丛刊》通过各种渠道秘密传递到台湾，比如邮寄给台湾各企业、商社、机关等；通过进步学生和商人秘密携往台湾；与台湾地下党秘密联络，依靠地下党的力量向岛内民众散发。这些革命刊物在台湾青年中反响很大，一些台湾青年就是阅读了这些刊物后走上了革命的道路。此外，苏新和杨克煌还将丛刊寄往美国、东南亚各地华文报社。

这里需要强调的是，谢雪红的民主自治主张绝非背离祖国的"台湾独立论"——这恰恰是她极力反对的——而是坚持国家统一的民族意识下的对台湾前途的一种理论探索。谢雪红以"一斐"的笔名发表文章，载于1947年12月1

★ 1947年7月20日《华商报》发表文章《巾帼英雄谢雪红》，转载了新加坡《南侨日报》刊登的《台湾事变女英雄谢雪红告同胞书》

083

廖文毅及其"台独"的"托管"论

1947年"二二八"事件后，廖文毅于3月4日代表"台湾革新协会"，参与组建"台湾'二二八'惨案联合后援会"。这一由台湾旅京沪七团体组成的"二二八"后援会，发表《告台湾省同胞书》，呼吁正视台湾省问题，其中包括撤办陈仪、派员调查惨案、取消专卖等，但没有得到回应。陈仪反而于4月18日发布"'二二八'事变首谋叛乱犯在逃主犯名册"30人，廖文毅被列其中，成为叛乱通缉犯。廖文毅一方面于1947年6月在上海《密勒氏评论报》声明成立"台湾再解放联盟"。他还到上海台湾同乡会与台湾来的公费生座谈。他的"台独"理论遭到大家的强烈反对，会开到下午一点多不欢而散。廖又跑到香港联系谢雪红等人，积极参与《新台湾丛刊》的工作。谢雪红、杨克煌、苏新等人逐渐了解廖文毅的"托管论"（即台湾先由联合国托管再由台湾民众投票寻求独立）与"台独"主张后，坚决与其决裂。《大公报》台籍记者李纯青也撰文《提醒一个错误》批驳这种"托管"卖国行为。廖文毅还于1948年5月发表声明响应中共"五一"号召，其虚伪性再次被台盟戳穿。1949年后，廖文毅赴日本，开始了"台湾独立"运动。1965年5月，他被台湾当局"招安"，返回台湾，1986年逝于台湾。

★ 1951年2月，廖文毅在日本

日出版的《新台湾丛刊》第三辑，文章写道：

必须建立包括共产党、民主同盟等各民主党派及爱国民主人士的，代表全人民利益的，真正民主的联合政府。这是台湾人民最正确的目标，而且是唯一的生路……明天的政治必然是人民自身的、民主的，而且是人民愿意与必须参加的政治……明天的台湾是台湾人民自己的台湾，而（也）是新中国富强康乐的一省。

《新台湾丛刊》创办初期，与廖文毅曾有短暂合作。据谢雪红回忆：

1947 年 9 月间，台湾问题研究会筹备成立新台湾出版社，打算发行对台湾做宣传的小册子。正在这个时候，廖文毅由上海来到香港……章汉夫同志分析廖的情况，指示我们对这种人可以争取、利用，因此决定与廖接触……我经组织批准后，在九龙一家菜馆和廖文毅见面，谈话内容主要是办新台湾出版社问题，廖表示赞成，并且捐出一笔钱作为租一家办公地的经费和第一期杂志的印刷费。

谢雪红按照中共香港分局章汉夫的指示，与廖文毅接触。此时，廖文毅还是拥护共产党的，并因反对蒋介石当局而被通缉。廖文毅同意与谢雪红的新台湾出版社合作，但当谢雪红、杨克煌、苏新等人逐渐了解廖文毅的"托管论"（即台湾先由联合国托管再由台湾民众投票寻求独立）与"台独"主张后，坚决与其决裂。谢雪红等在 1947 年 11 月 1 日出版的《新台湾丛刊》第二辑《胜利割台湾》中，强烈批判抗战胜利之后的美国"托管论"是荒谬的"胜利割台湾"，整个专辑完全针对廖文毅的"台独"主张而来。之后，廖文毅跑到日本搞"台湾独立"活动去了。

你和你一家都必得救

★ 1947 年 11 月，台盟总部成立之初的办公地点香港筲箕湾

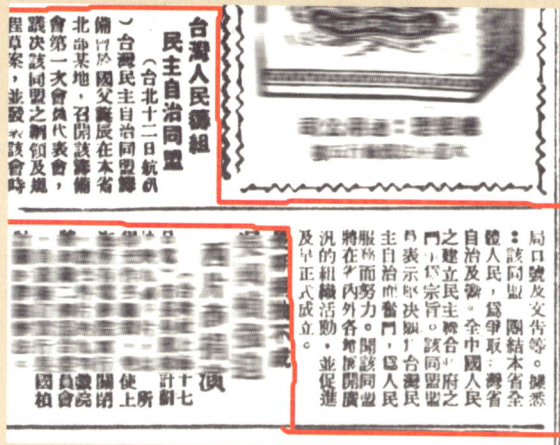

★ 1947 年 11 月 18 日，香港《华商报》报道了关于台盟成立召开筹备会第一次会员代表大会的消息（局部放大图）

创建台湾民主自治同盟

　　1947 年 9 月开始筹组台湾民主自治同盟，1947 年 11 月 12 日，孙中山先生诞辰纪念日，参加台湾人民"二二八"抗争的台籍精英谢雪红、杨克煌、苏新、周明等人在中共帮助下，在香港爱国民主人士的支持下正式创立台湾民主自治同盟，并确定《台湾民主自治同盟纲领草案》，制定《台湾民主自治同盟规程草案》，发布《台湾民主自治同盟筹备会时局口号》《台湾民主自治同盟筹备会第一次会员代表会文告》等相关文件。

　　1947 年 11 月 18 日，香港《华商报》对外公布台盟成立的消息：

　　（台北 12 日航讯）台湾民主自治同盟筹备会，于国父诞辰在本省北部某地，召开该筹备会第一次会员代表会，议决该同盟之纲领及规程草案，并发表该会时局口号及文告等。据悉：该同盟团结本省全体人民，为争取台湾省自治及响应全中国人民之建立民主联合政府之斗争为宗旨，该同盟盟员表示坚决愿为台湾民主自治而奋斗，为人民服务而努力。闻该同盟将在省内外各地展开广泛的组织活动，并促进及早正式成立。

　　这些文件是经集体讨论，由杨克煌执笔，用中、英两种文字起草，征求在上海的台籍中共党员李伟光意见并送中共在港党组织的夏衍审核（英文部分请精通英语的香港《华商报》

★ 2018年3月11日，台盟中央主席苏辉带领新一届领导班子和台盟界别全国政协委员以及全体机关干部，怀着崇敬的心情，专程来到北京西山国家森林公园无名英雄纪念广场，缅怀20世纪50年代为国家统一、人民解放事业牺牲于台湾的大批隐蔽战线的无名英雄

★ 西山烈士纪念墙

经理萨空了复审）。《政治纲领》第一条规定"设立民主联合政府，建立独立、民主、富强与康乐的新中国"。同时考虑到台湾同胞在"二二八"起义中提出"民主自治"的强烈要求，并根据1946年1月各民主党派参加的旧"政治协商会议"所通过的《和平建国纲领》中"积极推行地方自治"的规定，在《台湾民主自治同盟规程》第三条规定"本同盟以实现台湾省之民主政治，及地方自治为宗旨"，组织命名为"台湾民主自治同盟"。

★《新台湾丛刊》之《明天的台湾》刊载台盟成立消息

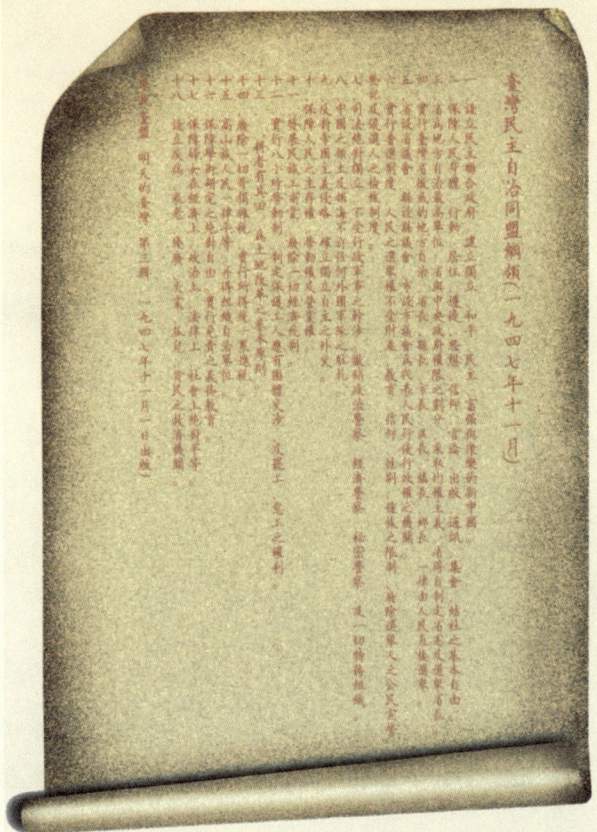

★ 在1947年12月，由新台湾出版社出版的《新台湾丛刊》第三辑《明天的台湾》中正式公布了台盟成立时的《台湾民主自治同盟纲领草案》《台湾民主自治同盟规程草案》《台湾民主自治同盟筹备会时局口号》《成立文告》。图为《台湾民主自治同盟纲领》

★ 1950年1月31日，大陆《参考消息》刊载台盟盟员林正亨等人被杀害的消息

★ 2015年，纪念林正亨诞辰100周年，台海出版社出版的《林正亨画传》封面

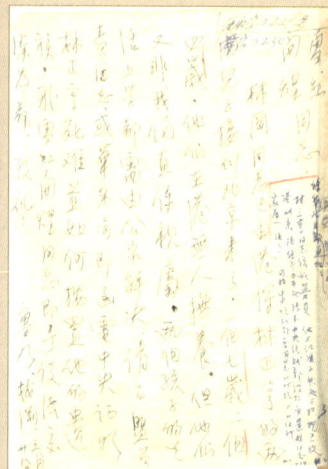

★ 中央统战部托林冈、鲁明转交谢雪红、杨克煌的信件及谢雪红转给台盟华北总支部的批示：林正亨为我盟盟员……

★ 苏新的主要著作

后来，国民党当局掌握了中共在台组织以台盟名义在岛内开展活动的有关情况，并进行了残酷镇压。岛内所涉及的"台盟"案逾百桩。台盟盟员、革命烈士林正亨成为牺牲在台北马场町刑场的第一位台湾人。不少进步青年或参加台盟或以台盟名义与国民党独裁统治作斗争，他们不怕流血牺牲，为争民主、求自治，与共产党人并肩战斗。台盟成立后，利用岛内的相关团体掩护工作，在日本得到原老台共的支持并成立了台盟海外支部。台盟在岛内的革命活动遭到国民党当局的镇压和破坏，到 20 世纪 50 年代初期，因包括"台湾民主自治同盟案"等各种"刑案"受迫害人达 1833 人，涉案被杀达 324 人，还有的被关十几年甚至更长（见台湾有关部门的《历年办理"匪案"汇编》）。这就是后来人们所说的"白色恐怖"。

关于台盟组织的缘起，台盟创始人之一苏新解释道：

当时我们在香港的工作任务包括：第一，向消息闭塞的台湾宣传国内外形势，特别是国内革命形势；第二，揭露台湾当局压迫和剥削台湾人民的情况；第三，公开反对托管运动和美国侵略台湾的阴谋；第四，沟通台湾同胞和大陆及海外同胞的联系。

我们认为，最好以一个政治团体的名义开展这些工作，于是组织了台盟。

谢雪红对台盟提出的民主自治含义作了如下阐释：

"自治"是台湾人民要求自己起来管理台湾的政治……这种政治思想是符合人民民主思想的，它的内容是革命的……这是"自治"的口号，是的确主张台湾的地方自治的，因此，反映着当时台湾人民的政治思想是肯定台湾为中国的一个行省

★ 《台湾民主自治同盟筹备会第一次会员代表会文告》（1947 年 11 月 12 日）内容图

★ 《台湾民主自治同盟纲领草案》（1947 年 11 月 12 日）部分内容图

★ 《台湾民主自治同盟筹备会时局口号》（1947 年 11 月 12 日）部分内容图

★ 《台湾民主自治同盟规程草案》（1947 年 11 月 12 日）部分内容图

的，而没有包含着企图实行从中国分离出去，实行"台湾独立"的意思。

台盟的政治活动，不仅得到中共的大力支持，还得到爱国民主人士的热情帮助。爱国民主人士李济深、何香凝、廖梦醒、庄希泉、章乃器等人对台盟的创建给予了热情帮助。此外，台盟的成立和活动还得到了台湾的进步团体和许多台籍人士的支持和帮助。上海台湾同乡会会长李伟光、《大公报》的李纯青、北平台湾同乡会的曾明如、日本东京的台籍人士杨春松和他领导的"留日华侨民主促进会"等都对台盟的筹备和创立作出了贡献。

台盟的成立使岛内外台胞有了一个公开的政治团体，这对团结广大台胞共同反对当时的美蒋统治，反对"台湾托管""台湾独立"，为解放台湾，完成祖国统一大业，发挥了应有的作用。

台盟在政治上反对独裁专制，要求实行人民民主制度，设立民主联合政府，实行台湾之民主自治，并坚决反对"台独"主张，反映了在中共领导下，以谢雪红为代表的爱国民主人士的政治观点和政治诉求。谢雪红曾指出，台湾人民在"二二八"斗争中提出的"民主自治"口号，就是台湾民主自治同盟定名的依据。正如台盟第六、七届中央委员会主席张克辉所言：

没有"二二八"就没有谢雪红，没有谢雪红就没有台盟。

这应该算是这位老革命家对谢雪红的最精辟的诠释吧。台盟主张台湾实行民主和自治，这是台湾人民在"二二八"起义中提出的民主自治政治诉求的延续。

台盟的政治活动引起了对台湾有所图谋的美国的注意。沈华志、杨奎松主编的《美国对华情报解密档案（1948—

★ 2007 年 2 月 26 日，在《啊！谢雪红》一书首发式上，作者张克辉接受台湾媒体采访

1976）》披露了美方收集整理的有关内容：

> 台湾民主自治同盟由谢雪红领导，她是一位资历很老的台湾共产党人，1947 年起义后不久逃离了台湾。该同盟接受中国共产党统战部的领导，其成员主要是在 1947 年动乱后逃离台湾的台湾共产党人，并补充了一些学生和其他在共产党人执政后仍然留在中国大陆的台湾人。同盟的主要目标是向生活在中国大陆而没有加入中国共产党或中共领导下的共青团的台湾人灌输思想，并就直接与台湾有关的事务发表舆论声明。舆论宣传的首要目的是促使台湾人民接受加入共产主义中国的思想。
>
> 这个组织在沿海大城市里建立了分支机构。台湾民主自治同盟代表在每年的台湾二月起义纪念日里都要发表讲话并发布关于"解放"台湾的声明。在某一年的声明中台盟副主席李纯青指责美国试图将台湾用作企图进攻大陆、发动侵略战争的军事基地，使得美国能够继续占领台湾。

上述文字虽有偏颇或不实，但仍可窥见谢雪红所领导台盟在当时的影响，反映了台盟揭露和坚决反对美国侵占台湾的政治立场。

台盟成立后，谢雪红等人创办的《新台湾丛刊》成为台盟早期刊物，丛刊第三辑《明天的台湾》刊登了台盟成立的纲领等文件。

台盟成立之初，谢雪红等台盟的领导人按照中共的战略部署和当时的主要任务要求，大力开展对台宣传工作，积极参加在港的中国各民主党派活动并扩大影响，发展台盟组织，介绍台籍青年到解放区参加革命，并与廖文毅为首的主张"联合国托管"台湾的分裂行径展开坚决的斗争。

★ 1948年2月，香港《华商报》刊登《台湾二月革命周年特辑》专栏，刊载各界人士纪念"二二八"起义一周年的文章

★ 1949年2月，在"二二八"事件两周年之际，香港《华商报》再度刊发纪念专栏，其中，刊载李纯青的文章《石狮嘴里的石球——台湾》，坚决反对将台湾从祖国分裂出去的"台湾托管"阴谋

1948年2月，"二二八"事件一周年之际，台盟在香港举行纪念"二二八"一周年纪念活动，香港《华商报》特别刊发《台湾二月革命周年特辑》。在港爱国民主人士纷纷撰文：如沈钧儒的《台胞绝不会奴服的！》，邓初民的《把台湾问题提到全中国人民面前来》，以及马叙伦、方方、章伯钧等都发声支持台湾人民的斗争。

1949年2月28日，在"二二八"事件两周年之际，香港《华商报》再度发表特辑专栏。刊载台籍爱国人士的文章，如杨克煌的《提防台奸》、庄嘉农（苏新）的《追念王添灯先生》等。其中李纯青的《石狮嘴里的石球——台湾》更是明确指出（摘要）：

若把石狮比作中国，它嘴里衔着那个石球可比台湾，石球和石狮是同一块石雕琢出来的，虽然石球在石狮嘴里可以转动，但它属于石狮的一部分，是拿不出来的，偷不走的。今天台湾貌似游离于中国之外，为狼子野心所垂涎，国民党抓得紧，美国和日本都虎视眈眈地在合谋要据为己有。但是我们可以这样答复：台湾是属于中国的，不能单独存在，也偷不走的。

文章还阐明，"二二八"事件中"美国人利用民变大肆宣传，说台湾人反对中国，希望被美国托管，其次希望恢复日本统治，这真是胡说八道"。这些根本不是主流民意，只是美国在其中挑唆而已。（全文见台海出版社出版的《大陆台胞与"二二八"事件》一书。）

★ 20世纪30年代前后，反抗日本殖民统治者的台湾共产党人（左起）曾明如、王万得、林田烈，于1983年11月在北京合影

建立台盟地方组织

1948 年 7 月，中共华东局在香港召开了关于对台工作的"香港会议"。确定台盟重点工作为配合全国解放和参加新政协的政治活动，加强组织的发展。台盟在谢雪红等人的领导下，一方面宣传中共的政治主张，反对国民党独裁统治；一方面与美国阴谋分裂中国、鼓噪台湾托管论作斗争，同时，按照中共指示，大力发展组织。

1948 年 6 月，台盟香港支部成立。据苏新回忆："支部主任委员丁光辉、组织部主任颜光（颜永贤）、总务部主任杨克煌、宣传部主任苏新、青年部主任刘雪渔（后由林田烈接任）。"在香港期间，台盟吸引了许多台湾进步青年到香港，如林良材、柯秀英夫妇，林东海、傅孟锦、蔡仲伯、萧来福、潘钦信、蒋时钦（蒋渭水之子）及夫人傅力力，陈金石、陈振声、李韶东（李乔松之子）、邱伯卿、林式熔、叶仁义、叶仁寿、叶绿云、高素英等人。他们参加了台盟的政治活动，绝大多数加入了台盟组织。在香港活动的盟员中，具有中共党员身份的占多数，这是台盟创建初期不同于其他民主党派的特点之一，也体现了台籍进步青年的政治追求和革命理想及信念。同时也说明，一批台籍进步青年为追寻红色祖国，汇集香港再而转往大陆，这批青年幸免于 20 世纪 50 年代的"白色恐怖"的杀戮。

同时，在台盟总部的指示下，台盟重点工作地区除台湾、香港外，还拓展到广州、北平、上海等地。作为"华南民主堡垒"的中山大学，自然成为广东台盟成员联系活动的重点学校之一。当时活动在广州的台湾同胞，如陈文澜（后任台盟华南总支部筹委会主委）、丘琳（中山大学法学院教授）、丘晨波（丘琳侄子）等人，通过以商人身份为掩护的丁光辉、周明等人，将香港新台湾出版社出版的《新台湾丛刊》分送给广州市内的台胞，尤其是台籍青年。当时，中山大学有许

1949.7.28

台盟華北總支部

座談台灣解放問題

台盟華東總支部組織成立

【本報訊】台灣民主自治同盟華北總支部於昨天下午三時在該部辦事處舉行座談會，討論台灣省解放問題。出席的有沈鈞儒、鄧初民、樊弘、于鏡庭、安娜、該部主任委員林漢民、秀昌楊克培、郭炤烈及留平台胞等四十人左右。座談會由該部官傳部長汪白主持進行。迄六時許，座談會始告結束。

又：台盟華東總支部已經組織成立，本月三十一日將在上海召開盟員代表大會。該盟在東北亦將組織總支部，現正籌備中。（墨）

★ 台盟地方组织陆续建立。1949年7月3日，台盟华北总支部成立，主委林铿生；1949年7月31日，台盟华东总支部成立，主委李伟光；1949年9月18日，华北总支部天津分支部成立，主委张秋海；1950年1月2日，华南总支部筹委会成立，主委陈文澜；1950年旅大特别支部成立，主委简仁南。图为1949年7月28日《光明日报》剪报

★ 1949年7月5日，《人民日报》刊载关于台盟总部给中共中央的"七一"贺电及华北总支部成立的消息

暢談旅歐觀感

各國人民以極大鼓舞

台灣民主自治同盟華北總支部

召開盟員大會

大會電中共中央慶祝「七一」

三民主義同志聯合會中委

多由国民党台湾省政府公派来的公费学生，而丘琳教授以同乡的身份与他们颇有接触，借此联络感情并积极做学生工作，以期壮大台盟组织。

在北平，香港的杨克煌将《新台湾丛刊》邮寄到其在北平的长兄杨克培处，并转交在北平从事中共地下活动的曾明如，再由台籍进步学生王宏等转发至郭焰烈等台籍学生，并送到北大红楼出售，所得资金返回香港台盟总部。同时曾明如还成立了台籍同乡组和同学组（台盟北平组织前身），分别由王碧光、杨威理、郭焰烈、王宏等负责，开展台盟活动，发展台盟盟员，组织纪念"二二八"起义两周年活动等（见附录）。

1949年3月，台盟领导人谢雪红、杨克煌等人到北平后，与旅平的台籍进步人士林铿生、郭焰烈等谈到发展筹建台盟华北总支部、发展台盟盟员等事。

1949年7月3日，台盟盟员临时大会在北平召开，会议主要内容是成立台盟华北总支部及台盟致中共"七一"贺电，会议通过华北总支部组织规程并选出了总支委委员。

出席临时盟员大会的共有31位盟员。台盟总部主席谢雪红在会上作了台盟纲领及章程的报告。郭焰烈就台盟的性质及政治主张向大会作了报告，指出今后的任务是为早日解放台湾和台湾的新建设而努力，同时提出当时的任务：一是参加新政协的工作；二是提出台湾人民的要求，打击美帝国主义殖民地化的阴谋，孤立那些搞"分离"运动的卖国贼；三是加紧学习和积极工作，培养干部，扩大组织，为解放台湾作准备。林铿生等报告了台盟华北总支部的筹备经过和新中国成立后的工作计划。会议一致拥护台盟总部发表的纪念七七抗战的通电和庆祝"七一"致中共中央的贺电（见附录）。会议审议了台盟华北总支部组织规程（草案），选举林铿生为主任委员、郭焰烈为副主任委员及7名委员和3名候补委员。台盟华北总支部下设秘书组、组织组、宣教组，直接领导北平地区的盟员工作，同时还管辖台盟天津支部和设在长辛店的军政大学支部。当时共有盟员45人。

1949年7月28日《光明日报》也就台盟成立华北总支部、华东总支部发表消息如下：

座谈台湾解放问题
台盟华东总支部组织成立

【本报讯】台湾民主自治同盟华北总支部于昨天下午三时在该部办事处举行座谈会，讨论台湾省解放问题。出席的有沈钧儒、邓初民、樊弘、王铁崖、安娥，该部主任委员林汉民，委员杨克培、郭焜烈及留平台胞四十人左右。座谈会由该部宣传部长汪白主持进行。迄六时许，座谈会始告结束。

又：华东总支部已经组织成立，本月三十一日将在上海召开盟员代表大会。该盟亦将在东北组织总支部，现正筹备中。

从此消息中不难看出，台盟创建初期的活动，得到各爱国党派团体的支持和帮助。同时显示，台盟华东总支部即将成立。

据曾任台盟总部秘书长的徐萌山引述上海台湾同乡会会长李伟光在台盟筹备会议上的话：

谢雪红从北京来信，要上海成立台盟，发展盟员，我请示了上级（王锡珍同志），他又请示了刘晓同志（上海市委第二书记），刘表示同意，因此今天开这个会，就是请同乡会有关人士来商量如何筹备建立组织问题。

杨克煌在1971年6月9日写的回忆材料中也有记述：

1949年6月间，我们在北京时，因预料"台盟"要参加政协，即打电报到上海给李伟光（党员、医生、旅沪同乡会长），催他赶快把支部组织起来，当时李伟光和谢雪堂（党员、牙科材料行经理）在吴克坚（后任台委会书记）、王锡珍（后任台委会副书记）的领导下做"台盟"支部的筹建工作。

7月31日，台湾民主自治同盟华东总支部在上海南国酒家举行成立大会。成立大会参加者约60人，会议主席是李伟光。"台盟总部主席谢雪红出席会议并讲话，总部杨克煌作组织经过报告。会议提出了'反封建、反官僚、反帝国主义，建设新民主主义的中国，政治民主，地方自治'的口号，确定台盟华东总支部的任务是解放台湾，建设新民主主义的中国，积极支援人民解放军解放广东、福建，在上海参加劳军活动。"会议选举李伟光、谢雪堂、何非光、刘火祥（刘

★ 台盟自 1947 年成立至 2017 年，走过了 70 年的光荣历程。图为 2017 年 12 月，台湾民主自治同盟第十次全盟代表大会

毅）、李乔松、赖文滨、童桂麟、詹明芳、蔡两全为台盟华东总支部委员，林政汉、王万德为候补委员。8 月 7 日，台盟华东总支部举行第一次委员会议，选举李伟光为台盟华东总支部主任委员。总支部地址设在武进路 514 号旅沪台湾同乡会楼上，楼下是同乡会办的台光小学。

这一时期，在谢雪红领导下，台盟旅大支部，台盟广州支部，台盟天津分支部也相继组建起来。可以说，台盟组织的构建已有雏形，为以后的全盟工作的开展奠定了重要基础。

台盟的成立和发展，使大陆及台湾岛内的进步人士有了一个公开或半公开的政治团体，树立了一面革命斗争的旗帜。这对团结广大台湾同胞共同反对国民党当局的专制腐败统治，支援人民解放战争发挥了积极作用。对团结台湾同胞共同反对美帝侵略台湾、反对"台湾独立"发挥了重要作用。从此，在中国共产党领导的广泛的人民民主统一战线中，又增加了一个以台湾籍人士为主的爱国进步团体，为新中国的成立和建设，为祖国统一大业作出了自己应有的贡献。

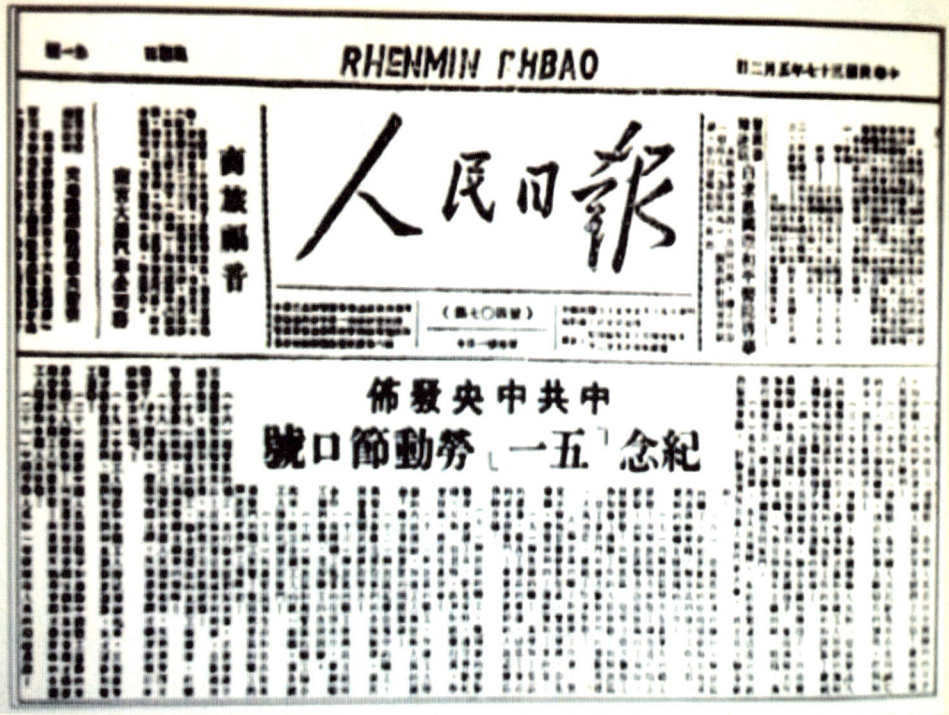

★ 1948年5月2日，《人民日报》全文刊载中共中央发布的《纪念"五一"劳动节口号》

响应中共"五一口号"

　　1948年4月30日，在人民解放战争取得节节胜利的大好形势下，中共中央发布了《纪念"五一"劳动节口号》（简称"五一口号"），号召"各民主党派、各人民团体、各社会贤达迅速召开政治协商会议，讨论并实现召集人民代表大会，成立民主联合政府"这一口号，表达了全国人民的愿望和要求，也反映了各民主党派和所有爱国民主人士的政治主张，立即得到了社会各界的热烈拥护。

　　"五一口号"表达了包括台湾同胞在内的全国人民的共同呼声，也必然得到全国人民的拥护和支持。台盟于同年5月7日发表《告台湾同胞书》，率先响应中共"五一口号"。谢雪红和她领导的台盟，正式接受中国共产党的领导。香港《华商报》在1948年5月22日第一版发表了台盟这份重要文告。

　　这份由台盟创始人之一苏新起草的《告台湾同胞书》，态度鲜明地指出，美国为了从政治上进一步侵占台湾，拉拢少数亲美分子，阴谋从事"台湾分离运动"，为转移目标，将他们引入"反蒋不反美"的歧路，从而加速台湾成为美国的殖民地。"反蒋不反美"是廖文毅托管派在其宣传小册子《台湾的出路》中提出的主要观点，托管派认为国共的斗争是长期的，台湾的解放在此情况下仰赖共产党是不可能的，所以希望借由美国的力量赶走蒋政权，脱离中国。《告台湾同胞书》指明台湾人民当前的斗争方向，就是"反蒋反美"，号召台湾同胞积极行动起来，响应中共的号召，配合全国人民的斗争，展开反对美帝国主义、封建主义与反分离运动，如此才能从美蒋联合统治的压迫中解放出来。展开新政协运动，在新政协会议基础上成立的联合政府，才是真正代表人民利益的政府。

　　作为台盟早期的宣传刊物，《新台湾丛刊》记录台盟追随中国共产党，主张台湾民主政治与地方自治，坚决反对外来侵略，坚决反对"台独"的政治历程，

★ 1948年5月22日《华商报》刊载台盟于5月7日发表的《号召台湾同胞响应"五一"口号》

★ 台盟的《新台湾丛刊》第六辑刊载《一个响亮的号召》和《响应伟大的号召》

对海内外台湾同胞及广大爱国华侨产生了重要影响。丛刊第六辑《台湾人民的出路》是针对廖文毅的《台湾的出路》的分离、托管言论而出版的。《台湾人民的出路》开篇全文转载了中共"五一口号"，接着就是《一个响亮的号召》和《响应伟大的号召》两篇文章，热烈响应和支持中共"五一口号"。文章呼吁"一切爱国的民主党派、民主团体、民主人士和社会贤达，必须在这胜利的前夜加强各方面的工作，加强和广大群众的密切联系，更虚心地去征询和收集他们对于将来人民代表大会和联合政府的意见"。这辑还发表了郑初民的《台湾的出路在哪里》、邱平田（苏新）的《台湾人民之出路》《台湾民主自治同盟的性质与任务》等，对"台湾托管""台湾独立"言论给予坚决的回击和批判。

台盟响应中共"五一口号"而发表《告台湾同胞书》，提出反对任何形式的"台湾独立"之后，于1948年5月24日，台盟发言人又应《华商报》之邀，再次表达了反对"台独"的立场。以《台湾同胞疮痍未复，绝不容忍美帝扶日》为题发表谈话：

数百日本间谍嫌疑分子现已混迹在台湾各地活动。美帝看见了蒋政权的灭亡已无法挽救，已更进一步唆使一些亲美分子，积极进行"台湾独立"运动，又命令间谍在台湾人民之间，散布"蒋政权垮台时，美国将使日本海军登陆台湾，占取台湾宣布'台湾独立'"的谣言。

…………

台湾人民只有配合大陆的人民革命战争，赶走美日帝国主义者，结束丧权祸国的独裁政权，才能使台湾避免重陷于殖民地的地位，才能得到最后的解放。

1948年7月4日，台盟在香港召开座谈会，邀请在港的部分进步团体和爱国民主人士，共同商讨落实拥护"五一口号"，响应参加"新政协"的号召，并希望与社会贤达共同努力。

1948年7月16日香港《华商报》报道：

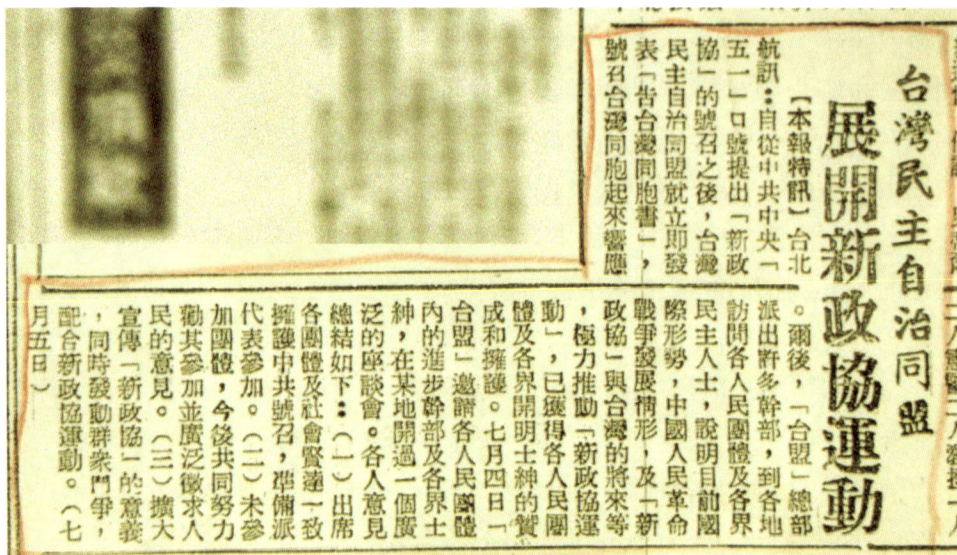

★ 1948 年 7 月 16 日香港《华商报》关于台盟参加新政协三点意见的消息

台湾民主自治同盟开展新政协运动

【本报特讯】台北航讯：自从中共中央"五一口号"提出"新政协"的号召之后，台湾民主自治同盟就立即发表《告台湾同胞书》，号召台湾同胞起来响应。而后，台盟总部派出许多干部到各地访问各人民团体及各界民主人士，说明目前国际形势，中国人民解放军战争发展情形，及新政协与台湾的将来等，极力推动"新政协运动"，已获得各人民团体及各界开明士绅的赞成和拥护。七月四日，台盟邀请各人民团体内的进步干部及各界士绅，在某地开过一个广泛的座谈会。各人意见总结如下：（一）出席各团体及社会贤达一致拥护中共号召，准备派代表参加。（二）未参加团体，今后共同努力劝其参加并广泛征求人民意见。（三）扩大宣传"新政协"的意义，同时发动群众斗争，配合新政协运动。（七月五日）

　　谢雪红和她领导的台盟，积极团结来港的台湾进步青年，大力宣传人民解放战争胜利的消息，响应中共"五一口号"，发展台盟组织。他们怀着对中国共产党领导的社会主义新中国的美好憧憬和热切期待，积极投入新政协，投入建设新中国的革命洪流中。

第四章　迎接曙光，参加新中国的政治活动

★ 1949 年 9 月 21—30 日，中国人民政治协商会议第一届全体会议在北平中南海怀仁堂隆重召开

参与筹备新政协　见证新中国诞生

　　在中共的协助安排下，香港的爱国民主人士于1948年年底陆续从海陆两途北上赴解放区，参加筹备新政协。1949年1月，台盟总部负责人谢雪红离开香港，经朝鲜进入安东，再经沈阳，于同年3月抵达北平。与谢雪红结伴北上的，除了杨克煌，还有谁呢？吴耀宗之女吴宗兰、吴宗素在《追忆父亲吴耀宗》一义中写道：

　　在党组织安排下，父亲和谢雪红、李纯青等乘船北上。船到朝鲜，他们才知道党组织让他们去北平。

　　这段文字记录了谢雪红、李纯青等由香港动身北上的点滴经过。李纯青曾于抗战胜利后奉中共之命赴台联系谢雪红，他和谢雪红先后由沪赴港开展党的工作。20世纪50年代，李纯青曾接替谢雪红负责台盟的工作。

　　谢雪红、杨克煌等抵达北平后，宣布台盟总部由香港迁到北平，谢雪红正式担任台盟主席。台盟向新政协提出《关于处理台湾问题的意见》（以下称《意见》），1949年2月26日，香港《华商报》刊载了台盟这个《意见》的主要内容。

　　这份冠以"台北"发出的《意见》，一共七条（另有两条未刊出）。它充分体现了台盟殷切希望中国人民解放军尽早解放家乡台湾的心情；体现了台湾是中国的一部分，反对台湾"托管"的阴谋的原则立场；体现了"二二八"起义以来所坚持的针对专制统治集团所提出的政治民主、地方自治的反独裁理念；体现了台盟一贯的争民主、求自治和"爱国爱乡、反对'台独'"的光荣传统。

　　1949年3月，中国妇女第一次全国代表大会在北平召开，谢雪红当选中央执行委员。

★ 1949年2月26日香港《华商报》报道台盟向新政协提出的《处理台湾问题意见》的消息

★ 1949年3月24日，中国妇女第一次全国代表大会在北平中南海怀仁堂召开。本次会议正式宣布成立中华全国民主妇女联合会。何香凝任名誉主席，蔡畅为主席，邓颖超、李德全、许广平任副主席。谢雪红当选为执行委员

同年5月，中华全国青年第一次代表大会在北平召开。谢雪红当选为副主席。曾经参加过台湾抗日义勇队的张砚女士回忆说：

5月4日大会开幕。我们的台湾代表团成员共有14人，谢雪红任团长。我是作为妇女代表参加大会的，邱正义、江东山是作为工人代表参加的。当时，谢雪红在北平已有了很高的知名度，毛主席在接见我们全体青年代表的时候与她亲切握手。

江东山先生后来回忆这段往事时激动地说：

我在与毛主席握手时，跟主席讲了一些话。当时场面很热烈，毛主席没有听清楚，于是低下头，弯下身子问我讲什么。毛主席这一动作让我感觉很亲切。我见毛主席要听我讲话，心就定了下来，不紧张了。我对主席说："台湾人民盼望早日解放台湾。"毛主席说："哦，好的，我们一定要解放台湾。"

此外，谢雪红还担任中苏友好协会总会理事、中国保卫世界和平大会全国委员会委员等职务，逐步参与国家政治生活并开始走上新中国的政治舞台。

1949年6月，谢雪红以中华全国民主青年联合总会副主席的身份出席在中南海召开的中国人民政治协商会议的筹备会。以这一身份出席会议的另外五人为廖承志、冯文彬、胡乔木、吴晗和钱三强。谢雪红并担任"第四小组"（负责起草《中华人民共和国中央人民政府组织法》）成员。这些体现了中共对谢雪红以及以她为代表的台籍爱国青年的重视和关怀。

在新政协筹备会议召开期间，周恩来询问台湾省人民如何产生代表前来赴会，时任中共中央统战部部长的李维汉认为，台盟是台湾省人民的革命组织，一直从事台湾人民的解放运动，故可考虑作为一个民主党派单位来参加会议。周恩来等领导对此表示赞同，并在9月7日政协筹备会议所作的《关于人民政协的几个问题》的报告中说明了有关台盟参加新政协的问题，明确指出："台盟是一个革命的组织，'五一'前就从事台湾人民的解放运动。"（见《周恩来统一战线

★ 1949年5月4日，中华全国青年第一次代表大会在北平召开。谢雪红当选为副主席。参加大会的台湾代表有谢雪红、杨克煌、林良材、苏新、丁光辉、吴克泰、叶纪东、高纯真、甘莹、张砚、江东山、邱正义、周之辛、林三良等。在此次会议期间，台籍青年受到毛泽东主席的接见

★ 1949年9月，出席中国人民政治协商会议第二次筹备会的代表合影。图中后排箭头所指者为谢雪红

文选》，1984 年版）台盟由原来的"地方性政治团体"成为全国性的政治组织，正式作为中共领导的统一战线队伍中的民主党派之一参与国家的政治事务。台盟地位的确立和被中共肯定与支持，对于台盟以后的发展，具有重大意义。当时的《台湾民主自治同盟通讯》记录了参加新政协的台盟代表的相关情况：

　　本盟已决定为参加新政协之一单位，得派正式代表五人（包括高山族代表一人）、候补代表一人出席参加。名单由总部选派经新政协筹委会同意后即行公布。希各盟员及台胞一致热烈拥护，并作精神及物质的支持。

　　在参加新政协筹备会议期间，作为中华全国民主青年联合总会副主席、台湾民主自治同盟主席的谢雪红说：这次会议是由中国人民完全独立自主地来召开的，任何帝国主义的一点点意志都不能在这里发生影响。美帝国主义和国民党反动派勾结，正在继续干反对台湾人民的阴谋。台湾人民热烈期待全国人民政权的建立，用事实来粉碎美帝国主义把台湾从中国分裂出去的阴谋。

田富达

李伟光

谢雪红

林铿生（候补）

王天强

杨克煌

★《中国人民政治协商会议第一届全体会议纪念刊》中的台盟代表及候补代表

★ 1949 年 9 月 21 日，中国人民政治协商会议第一届全体会议召开。图为参会的台盟代表（左起）田富达、杨克煌、谢雪红、李伟光、王天强、林铿生（候补）

★ 中国人民政治协商会议第一届全体会议代表证和谢雪红出席会议时佩戴的编号为 257 的徽章

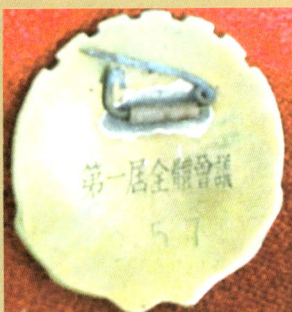

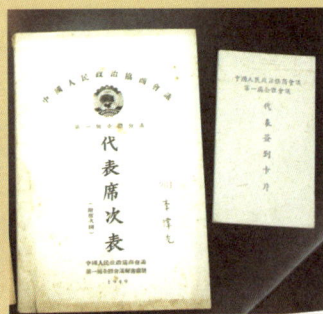

★ 中国人民政治协商会议第一届全体会议代表席次表等（李伟光家属提供）

李伟光（1897—1954），台湾彰化二林人。领导了"反对日本殖民统治，争取蔗农权益"的农民暴动——二林蔗农事件。1932 年加入中国共产党。1937 年在上海组织台湾进步青年成立台湾革命大同盟进行抗日活动。1945 年在上海当选首位台湾旅沪同乡会理事长。上海台湾同乡会和伟光医院是党的秘密联络点，李伟光负责岛内同志与上海局的联络工作。1947 年 11 月，台盟即将在香港成立，同时征询李伟光、曾明如、杨春松等人意见。李伟光对台盟的政治文件作了修改和完善，参与了台盟的创立。1949 年 9 月，李伟光作为台盟选出的代表，出席了中国人民政治协商会议第一届全体会议。1949 年 7 月 31 日台湾民主自治同盟华东总支部在上海成立，李伟光任主任委员。1954 年，因病逝世。

谢雪红曾多次透过媒体，表达反对外来势力侵略台湾、反对"台湾独立"的坚定立场。后来，她以台盟主席名义接受采访时指出：

有史以来，台湾就是中国领土的一部分，台湾人民也是中华民族的一部分。收复台湾，曾是中国人民多年来反对日本帝国主义的斗争的重要目的之一。中国人民有权收回被侵占的领土，台湾重归祖国的版图是理所当然的。……我们要警告妄想吞并台湾的帝国主义分子，谁想要用武力来侵略台湾，来奴役台湾人民，中国人民必将用对付日本侵略者的方法来对付他们。

1949年9月21日至30日，中国人民政治协商会议第一届全体会议在中南海怀仁堂隆重召开。这是中国共产党领导全国各族人民、包括各民主党派、各人民团体进行多年艰苦卓绝的斗争后取得的伟大成果。台盟作为组成新政协的单位之一出席了大会。谢雪红与毛泽东、周恩来、刘少奇、林伯渠、董必武、陈云、彭真等89位新中国开国元勋一同入选大会主席团。

★ 1949年9月，谢雪红（右五）与参加全国政协一届一次会议的女代表、女委员合影

★ 中国人民政治协商会议选出的中华人民共和国中央人民政府主席毛泽东（左三）、副主席朱德（左二）、刘少奇（左一）、宋庆龄（左四）、李济深（左五）、张澜（左六）、高岗（右一）在主席台上

★ 台湾民主自治同盟致中国人民政治协商会议第一届全体会议贺电电文底稿图片（宗绪盛先生提供）。1949 年 9 月 28 日《人民日报》刊发了这封贺电全文

1949 年 9 月 23 日，台盟致电庆祝中国人民政治协商会议开幕，代表台湾人民表示"台湾人民和全国人民一道，完全拥护人民政治协商会议，并坚决表示愿意为本会议所通过一切决议的实现而努力奋斗到底"。贺电全文如下：

当中国人民新世纪的开始时，本盟代表六百七十万台湾人民，以极端兴奋的心情，庆祝中国人民政治协商会议第一届全体会议的开幕，并向全体代表致最崇高的敬礼。

台湾人民由于半世纪间的沦陷和四年来国民党反动派的血腥统治所得来的教训，认识了必须反对帝国主义、封建主义和官僚资本主义侵略台湾的一切阴谋和彻底消灭国民党反动派的残余力量，完成新民主主义革命，才能得到真正的解放。

台湾人民和全国人民一道，完全拥护人民政治协商会议，并坚决表示愿为本

中国人民政治协商会议第一届全体会议的发言

各位代表先生们！

我代表台湾民主自治同盟，替在美帝国主义和国民党反动派高压下的台湾人民，首先向各位致敬。

中国人民政治协商会议，在全国将要完全解放的今天召开了。真正的人民世纪开始了。中国人民做主人了。几千年来的封建遗物和帝国主义统治的工具就要送到故宫博物馆去了。一切反人民的战争罪犯们将要受到人民法庭去受严厉的惩罚了。

这是多么伟大的胜利呀！这是多么光荣的史实才！

这些胜利和光荣是由那里来的呢？大众都很明白，这是由于中国共产党——毛主席英明正确领导了全国人民起来作二十多年的革命斗争，特别是人民解放军三年多来英勇善战而得来的。在这里，我首先向中国共产党——毛主席，向中国人民解放军表示最大敬意。

中国人民革命的伟大胜利，已经结束了封建的买办的国民党的反动统治，而中国人民已经起来建立了自己的政府，自己的国家的时候，目前全国人民关心着的台湾，还被国民党反动派的残余势力所统治着。在这里反动派依然继续着反对中国人民革命的活动，而且在勾结美帝国主义，并企图组织日本法西斯力量卷土重

会议所通过一切决议的实现而努力奋斗到底。

谨祝大会胜利成功，中国人民革命大团结万岁！

台湾民主自治同盟

一九四九年九月二十三日

在这次大会上，台盟首席代表谢雪红在大会上发言，她说：

我代表台湾民主自治同盟，替在美帝国主义和国民党反动派高压下的台湾人民，首先向各位致敬。

中国人民政治协商会议在全国将要完全解放的今天召开了。真正的人民世纪开始了。中国人民做主人了。

…………

这次召开的新政治协商会议以及由这个会议将要组织起来的中央人民政府，将要宣告成立的中华人民共和国，是完全根据中国人民的要求和利益而产生出来的。670 万台湾人民，三百多年来反对荷兰、西班牙、日本等国的侵略压迫和反对国民党反动派的封建买办统治，不断做流血牺牲的斗争，就是为了这个目的。全台湾省人民完全拥护这个全国人民民主统一战线组织的中国人民政治协商会议，完全支持这个由工人阶级领导的，以工农联盟为基础的，人民民主专政的中华人民共和国中央人民政府，并完全同意中国人民政治协商会议的共同纲领。

台盟与参加政协会议的其他组成单位共同宣布，《中国人民政治协商会议共同纲领》为本党派团体纲领。

9 月 27 日，台盟代表田富达在大会上发言，他说：

我是参加政协的台湾民主自治同盟单位中的少数民族——高山族人民的代表。在这个会议中能有人口仅二十万左右的高山族人民之间的代表参加，使我极感到从来未有过的无限的兴奋与光荣。

★ 1949年9月27日，台盟的政协代表田富达代表台湾高山族在大会上发言

★ 田富达，出生于台湾少数民族穷苦家庭，十几岁被抓壮丁来到大陆，后来加入中国人民解放军，在华北军大被推荐为出席全国政协第一届会议的台盟代表，台盟第一届理事。中华人民共和国成立后，任中共华东局台湾工作委员会委员，并逐渐走上了台盟的领导岗位，曾任第一至第七届全国人大代表，第一届至第五届全国政协委员，台盟总部副主席。图为2002年11月，田富达同志在纪念台盟成立55周年大会上

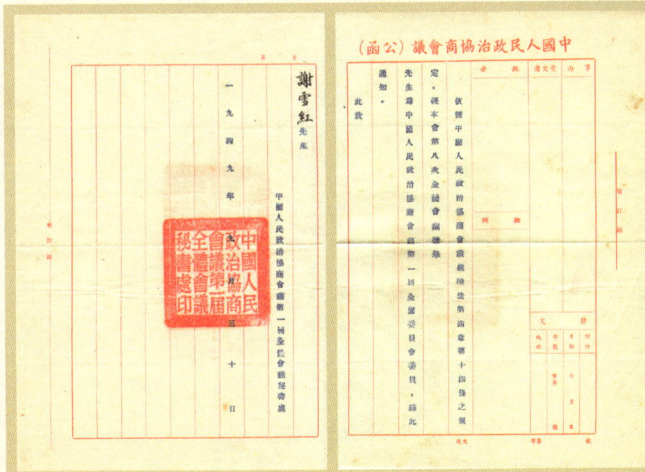

★ 1949年9月30日，谢雪红当选第一届全国政协委员（即现在的常委——编者注）通知书

高山族在三百多年来遭受外来侵略者的无情压榨、残害与屠杀，高山族人民不断地与这些侵略者做惨烈的斗争……

这次会议将要通过的共同纲领中关于民族政策的四个条文，不但是我们完全同意，而且是比我们在长期斗争中所要求的目标，更加理想，更加完善。我们完全拥护并为这个纲领的实现不怕任何牺牲……

作为当年台盟出席大会的代表，田富达后来回忆道：

我作为台盟中的高山族代表，也在大会上发了言。当时我心情很激动，一方面感到自己作为长期受内外反动派凌辱的高山族同胞，今天能在国家的最高政治讲坛上发表意见，这是破天荒的事；另一方面也深深感到只有在中国共产党领导下的新中国，我们高山族才能有"出头天"，才能和其他各族同胞一样享有平等权利。这个会议的伟大成就，是人们永远不会忘记的。

会议经过充分讨论协商，通过了《中国人民政治协商会议组织法》《中国人民政治协商会议共同纲领》和《中华人民共和国中央人民政府组织法》，选举出由毛泽东为主席的中国人民政治协商会议第一届全国委员会（即常务委员会）。台籍人士谢雪红、蔡乾（蔡孝乾，缺席大会）当选为委员。

田富达后来回忆道：

（9月）15日，我们几位台盟代表一同到中南海勤政殿报到。大会开幕前，我曾先后随谢雪红看望当时正在北京医院住院的李维汉同志和拜访住北京饭店的其他一些党派的代表。令人难忘的是，当时李维汉同志对我们这些台湾人非常热情和关心，他对台湾同胞有代表参加会议一再表示非常高兴，叮嘱我们共同努力把大会开好。

1949年，中国共产党领导的人民解放战争取得了伟大胜利。10月1日，北京天安门广场30万人隆重集会，举行中华人民共和国开国大典，谢雪红与出席

★ 在中国人民政治协商会议第一届全体会议闭幕会上，台盟盟员林东海（右二）、林云（左二致辞者）与战友陈增坤（左一）、廖先景（右三执旗者）、郑森洲（右一）等代表华北军政大学台湾队学员向毛主席献旗，表达台湾同胞誓为解放台湾，解放全中国而奋斗的决心

全国政协第一次会议的台盟代表一起，跟随毛泽东主席登上天安门城楼，出席开国大典。这一天，新中国诞生了。对于中国人民来说，1949 年是值得纪念的重要年份。对于谢雪红来说，1949 年不仅揭开了中国崭新的一页，也是她代表台湾人民走上全国性政治舞台的重要一刻，是她参与新中国创立的新起点。20 多年前，当谢雪红在上海看到黄浦江上的苏联轮船挂着鲜艳的红旗，无限感慨。那时候，刚参加中国共产党的她，把对将来中国美好的憧憬深深刻在心中，现在，这些已经实现，她怎么能不激动感慨啊。这一天，谢雪红特意穿上了亲手缝制的红格外套，以庆祝红色祖国的诞生和中国革命的胜利。她的感情激越澎湃，她愿意为祖国母亲和她一生追求的理想信念奉献自己的一切！

★ 开国大典，毛泽东主席气宇轩昂，大步走上天安门城楼，紧随其后的是朱德总司令和由曾宪植（右）伴随着的宋庆龄女士。谢雪红（左）紧紧跟随中国共产党的领袖，用她曲折迂回、艰辛执着的革命人生见证了这个永载史册的伟大时刻

★ 1949 年 10 月 1 日，台盟出席全国政协一届会议代表们跟随毛泽东主席、朱德总司令等登上天安门，参加开国大典。每个人脸上都洋溢着胜利的喜悦。图中标①处为杨克煌，标②处为田富达，标 ③处为李伟光，标 ④处为王天强

★《人民日报》1949 年 10 月 2 日头版刊登中华人民共和国成立喜讯

★ 1949 年 10 月 3 日,《人民日报》刊发消息,台盟华北总支部召开庆祝新中国诞生座谈会,谢雪红到会作了报告

新中国成立后的政治活动

　　新中国成立后，民主党派的性质和地位有了根本变化。为适应社会主义革命和社会主义建设，民主党派成员在思想上也需要有个根本转变，需要进行政治学习和思想改造，以改变旧观念，跟上新形势，为新中国发展更好地服务。1950年3月，中共中央召开第一次全国统战工作会议，决定推动和帮助各党派进行学习改造。台盟十分重视这一学习改造运动，要求各地盟组织广泛开展思想改造和学习活动。全盟组织结合当时的政治运动、抗美援朝等，多次召开会议，座谈学习《共同纲领》、毛泽东思想和时事政治。广大盟员普遍提高了政治思想觉悟和参加国家建设的积极性。

　　台盟主要领导开始参加新中国的政治活动。如谢雪红参加了华东大区政府的组织工作，被任命为华东军政委员会委员。田富达为中央人民政府民族事务委员会委员。台盟见证了共和国的创建历程，开始投入新中国的建设和解放台湾的重要工作中。

　　在这一时期，台盟除推动盟员参加各项政治运动外，还积极鼓励大家做好本职工作，为恢复国民经济出力。广大盟员把本职工作同整个革命事业联系起来，努力工作，在各个行业中作出了自己应有的贡献。

　　1949年10月，台盟总部以参加政协一届一次会议的代表为主要成员成立理事会，谢雪红任主席，杨克煌任秘书长，理事为谢雪红、杨克煌、李伟光、王天强、田富达、林铿生、郭炤烈（非一届政协代表）。

　　早在1949年7月前后，时任中共中央统战部部长的李维汉就台盟的机构建设问题，与谢雪红进行过深入交谈，并向周恩来作了汇报。据曾任中央统战部干部局领导的胡治安所著《统战秘辛》（香港出版）一书记载，当时周恩来对台盟曾有这样的指示："你们公开号召以后，可能有不少台湾关系，台湾同乡会来找

中央人民政府任命通知書 府字第 0575 號

茲經中央人民政府委員會第四次會議通過任命謝雪紅為華東軍政委員會委員

特此通知

主席 [署名]

一九四九年十二月二日

★ 1949 年 12 月 2 日，任命谢雪红为华东军政委员会委员的"中央人民政府任命通知书"

中央人民政府委員會

通知

民政府委員會第四次會議通過任命謝雪紅委員先生為華東軍政委員會委員

此致

一九四九年十二月二日中央人

中央人民政府秘書長 [署名]

★ 1949 年 12 月，中央人民政府任命谢雪红为华东军政委员会委员的"通知"

中央人民政府任命通知書 府字第 0300 號

茲經中央人民政府委員會第三次會議通過任命田富達為中央人民政府民族事務委員會委員

特此通知

主席 [署名]

一九四九年十月十九日

★ 1949 年 10 月 19 日，任命田富达为民族事务委员会委员的"中央人民政府任命通知书"

★ 1950 年 1 月，华东军政委员会第一次全体会议召开。图为委员合影（部分图），前排左五为谢雪红

你们，你们应该重视，而且要放胆一些，来响应的人，可能成分很复杂，也可能有坏分子和特务分子，但在学习中是可以发现的，即使在学习中没有暴露，在工作中也是可以发现的。这些坏分子与其放在外面，不如放在我们面前较好。"

1949 年 11 月，考虑到台湾隶属于华东军政委员会管辖，为便于开展

★ 1949 年 11 月，台盟总部由北京迁到上海。图为在延安中路 720 弄的台盟总部办公地点

★ 1950 年 7 月 14 日，谢雪红在华东军政委员会第二次全体委员会议上

★ 1950 年 9 月，谢雪红被中央人民政府政务院聘任为中国红十字会总会理事的"聘任通知书"

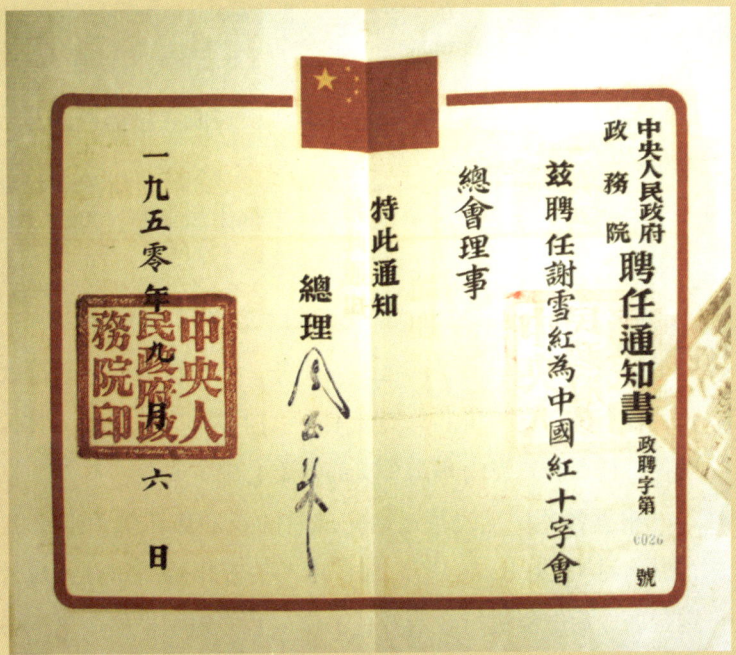

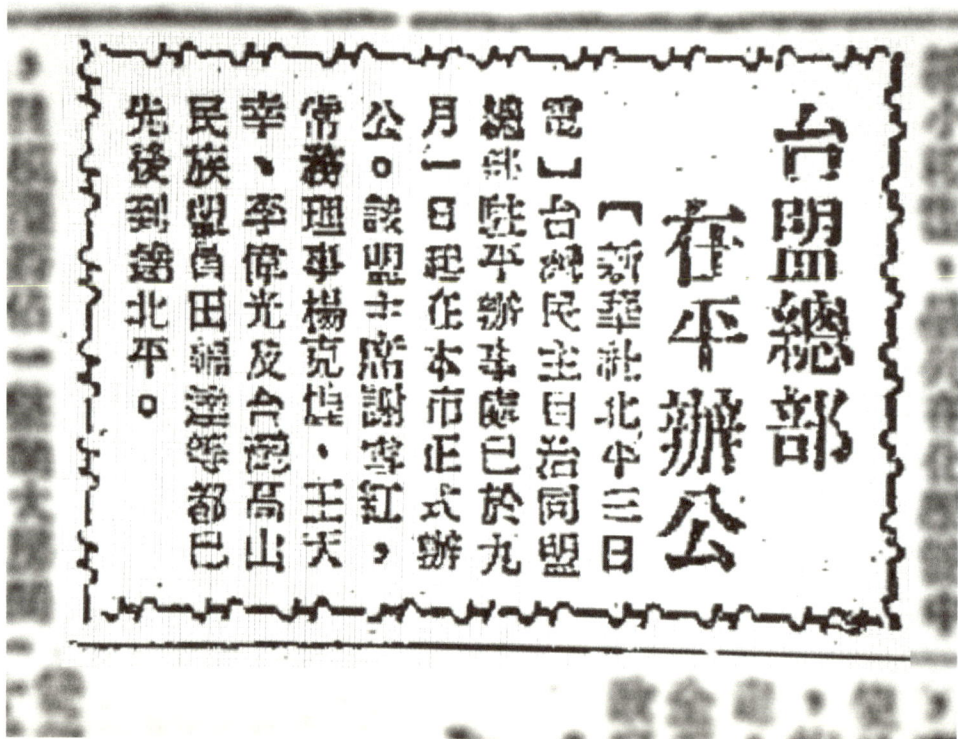

★ 1949年9月4日,《大公报》转发新华社消息,9月1日,台湾民主自治同盟总部在北平办事处正式办公

解放台湾工作,台盟总部决定在上海正式成立总部机关开始办公。北京另设驻京办事处,主任林铿生。

1951年,台盟总部决定进行必要的组织调整。12月,台盟总部任命林云(即王正南)兼华北总支部主委。

1952年8月,台盟总部决定对总部机关和华北、华南总支部领导班子进行调整,免去杨克煌的总部秘书长职务,任命徐萌山为总部代理秘书长,后为秘书长,任命陈炳基为华北总支部主委、白凤洋为副主委,林云专任台盟驻京办事处主任,任命林东海为华南总支部筹委会副主委。

根据各项民主改革运动完成后的新形势和机关组织机构过于庞大的情况,1954年1月20日,台盟总部作出《关于今后工作方针与紧缩机关的决定》,决定台盟今后继续进行政治号召工作,暂停组织发展,紧缩各级组织机构,加强学

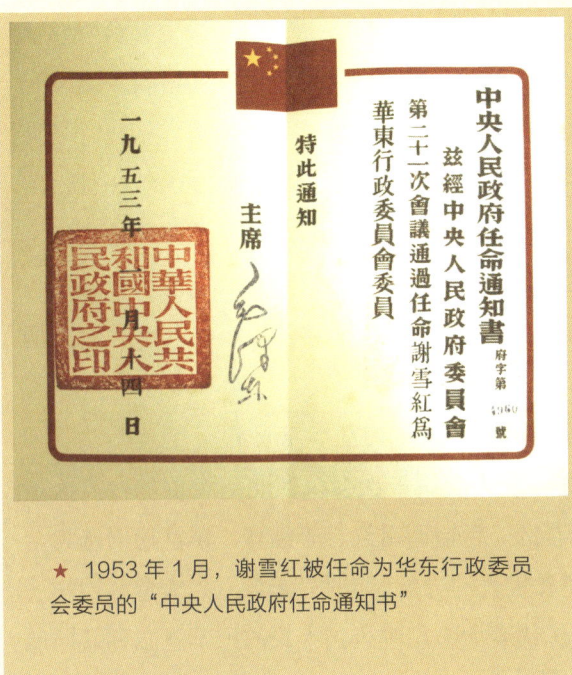

★ 1953年1月，谢雪红被任命为华东行政委员会委员的"中央人民政府任命通知书"

★ 林云（王正南），台湾台南人，台湾抗日义勇队少年团团长。1951—1955年间先后担任台盟总部特派员，台盟驻北京办事处代主任、主任，台盟华北总支部代主任委员

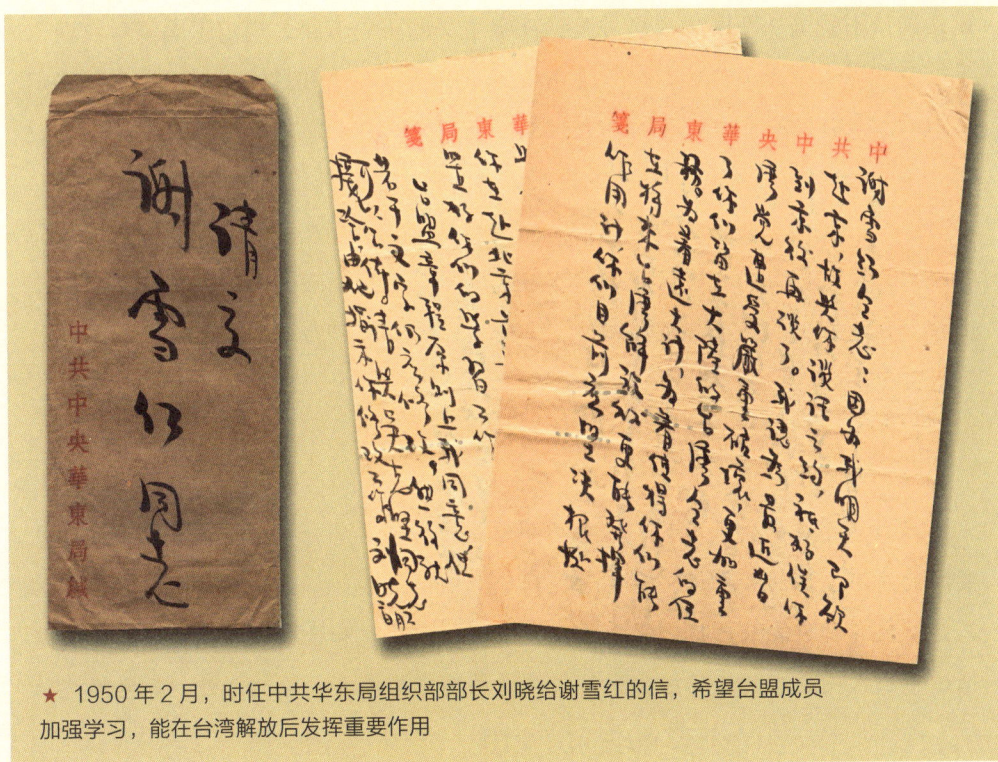

★ 1950年2月，时任中共华东局组织部部长刘晓给谢雪红的信，希望台盟成员加强学习，能在台湾解放后发挥重要作用

习，提高盟员政治觉悟，在各自岗位上做好业务工作。根据这个决定，台盟总部和各级组织都紧缩了机构，调出了许多干部到其他单位接受锻炼和培养。

1954 年 6 月，台盟总部理事会增选李纯青为台盟总部副主席，从此，李纯青副主席在北京代表台盟参加中共中央组织的各项政治活动。1955 年 2 月，由于各大行政区撤销，台盟总部由上海迁回北京，和北京市支部（原华北总支部）合署办公。秘书长徐萌山调离台盟，被批准去学习（后又回到台盟总部任秘书长至 1987 年）。台盟总部到北京后，撤销下属各处，成立了一个办公室，由陈炳基兼任办公室主任。

至此，自 1947 年台盟成立以来的新的组织架构基本完成。

1954 年 9 月，第一届全国人民代表大会第一次会议在北京隆重举行。这是具有里程碑意义的大会。经过全国普选，台盟谢雪红、李纯青、田富达当选为全国人大代表，谢雪红、田富达以福建省代表的身份（当时尚未设立人大台湾团——编者注）出席了这次大会。全国人民代表大会集中全国人民的根本意志和共同愿望，制定了新中国成立后的第一部根本大法《中华人民共和国宪法》，以法律形式，确认了我国从新民主主义过渡到社会主义的历史道路，规定了国家对农业、手工业和资本主义工商业实行社会主义改造的根本方针和具体步骤；大会并确定了新的国家领导机构，选举毛泽东、刘少奇、朱德、周恩来等为第一届国家和政府的领导人。这是新中国人民民主政权建立后我国政权建设上的又一次重要会议。

谢雪红在会上发言，表示拥护宪法，并指出这个宪法所反映的我国人民革命的成果，也包括台湾人民长期英勇斗争的部分，宪法反映的中国人民的共同愿望也就是台湾人民的愿望。她强调："中华人民共和国是台湾人民亲爱的祖国，台湾人都是中国人。"

同为人大代表的田富达后来回忆说：

我作为福建的代表参加了第一届全国人大会议，那时候还叫福建组。我印象最深的是毛主席的开幕词。毛主席提到了"四项任务"：第一就是制定宪法；第二是制定各种重要的法律，像全国人大组织法、法院和检察院组织法等；第三是通过中央人民政府的工作报告；第四是选举国家领导人。除此之外，毛主席还特

★ 1954年9月，中华人民共和国第一届全国人民代表大会召开，图为谢雪红在大会上发言

中華人民共和國第一屆全國人民代表大會第一次會議福建省代表組 一九五四年九月二十八日

★ 1954年，中华人民共和国第一届全国人民代表大会第一次全体会议在北京召开。图为福建组代表合影。后排左六为谢雪红，后排左四为田富达

别提到，领导我们事业的核心力量是中国共产党，指导我们思想的理论基础是马克思列宁主义。这两句话我印象很深。

这次会议上，谢雪红与许德珩、雷洁琼、钱昌照、邵力子、薛暮桥等知名人士当选为第一届全国人民代表大会法案委员会委员。

全国人民代表大会结束了由中国人民政治协商会议代行全国人民代表大会职权、由《共同纲领》作为国家根本大法的过渡状态，人民政协的性质、地位随之发生了变化。

1954年12月，人民政协召开了第二届全国委员会第一次全体会议，讨论并制定了全国人民代表大会制度确定之后体现人民政协性质、地位、任务和作用的《中国人民政治协商会议章程》。该章程依据《中华人民共和国宪法》关于"我国的人民民主统一战线将继续发挥它的作用"的规定，明确指出：人民政协作为团结全国各民族、各民主阶级、各民主党派、各人民团体、海外华侨和其他爱国

★ 1954 年 9 月，中华人民共和国第一届全国人民代表大会法案委员会成立。图为全体委员合影留念，前排右四为谢雪红

★ 1954 年 9 月，第一届全国人大会议期间。台盟代表谢雪红（右三）、田富达（左四）参加福建组讨论

人士的人民民主统一战线的组织，仍然需要存在。

台盟王天强、田富达、李纯青、杨春松、简仁南、谢雪堂等当选为第二届全国政协委员并出席了会议。李纯青被选为政协常委。

一届全国人大和二届全国政协一次会议的胜利召开，标志我国人民民主制度和国家领导体制已更加完备，我国的人民民主统一战线更加巩固和发展。

★ 出席全国政协第三次会议的妇女代表合影。二排右五为宋庆龄、右六为邓颖超，邓颖超后为谢雪红

★ 1949年10月初，台盟主席谢雪红陪同台籍爱国华侨参观北京颐和园。
图为谢雪红（右二）、田富达（右一）等在颐和园

★ 1952年8月18日，全国政协常委谢雪红（二排右四）到浙江德清县莫干山考察

★ 1955 年年底，全国人大代表谢雪红在福建调研，图为谢雪红（左四）与农民交谈。左二为谢雪红秘书、台籍革命烈士林正亨之妻沈毅女士

★ 1955 年 12 月，全国人大福建省代表谢雪红（左）、谢冰心（右）在福建泉州考察

★ 1955 年 12 月，谢雪红在福建考察时留影

★ 1956 年 12 月，全国人大代表、台盟主席谢雪红（左一）与陈嘉庚先生（左二）、谢冰心女士（左四）在福建集美考察。陈嘉庚先生在台盟创建初期给予了极大的支持和帮助。沈毅女士（右一）为谢雪红的秘书

★ 1955 年春，台盟总部由上海迁回北京。图为拆迁前的原台盟总部办公所在地北京王府井大甜水井 11 号院门

★ 1956 年 8 月 19 日，谢雪红在北京王府井大甜水井 11 号台盟总部门前

★ 台盟主席谢雪红（左一）
与贺子珍（右一）在上海合影

★ 1956 年
3 月，台盟
主席谢雪红
（左三）出
席在北京举
行的国际妇
女大会，并
与外国朋友
合影留念

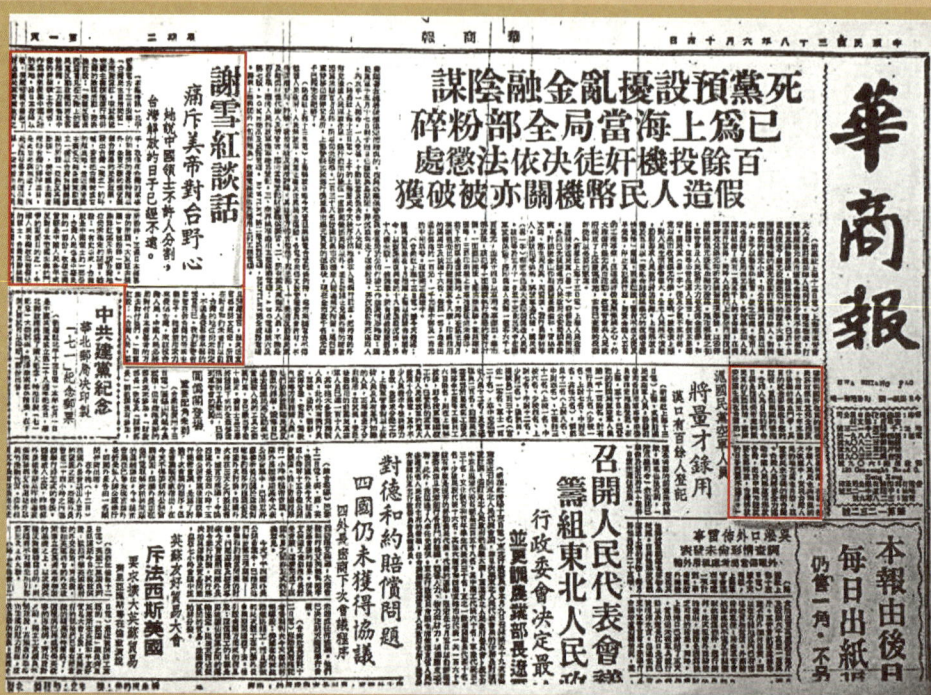

★ 1949年6月14日，香港《华商报》刊载台盟主席谢雪红的谈话，强调中国领土不许人分割，台湾解放的日子已经不远

★ 1949年秋，台盟主席谢雪红在北京台盟总部与华北总支部办公小院留影

第五章　为祖国统一奋斗

新中国成立初期，蒋介石集团退据台湾，依仗美国扶植，敌视和对抗新中国。中国共产党和中国政府为继续完成新民主主义革命任务，反对外国势力干涉，捍卫国家领土的完整，提出了"一定要解放台湾"的奋斗目标，积极进行军事准备。1950 年，朝鲜战争爆发，我国全力投入抗美援朝保家卫国运动，不得不暂停解放台湾的准备工作。

毛泽东主席曾于 1949 年年初发表《时局的声明》，提出八项和平主张后，台盟随即发表《拥护毛泽东八项主张的声明》，指出："全国人民决不容许美帝国主义的侵略，并反对任何对中国的干涉。台湾人民呼吁全国人民，为建立一个独立富强的新中国，设若美帝以任何借口要控制中国国土的任何一个地方，尤其是台湾，中国人民必须不惜任何牺牲向它作战到底。"声明坚定地表达了谢雪红所代表的台盟坚决反对外来侵略和分裂中国的主张。

1949 年 6 月 13 日，北平新华广播电台播发谢雪红以台盟主席身份发表的谈话《痛斥美帝对台野心》。她说："在统一的中华人民民主共和国的大家庭中，实现台湾人民的地方民主自治，建设新民主主义的新台湾，台湾人民将要全力协助中国人民解放军解放台湾。由于中国大陆就要全部解放，台湾解放的日子已经不远了。"第二天，香港《华商报》第一版刊登了这篇谈话。

同年 7 月 10 日，台盟与台湾省工作委员会、"解放军驻台代表"联名在台湾同步散发《告台湾同胞书》，以及一些写着明确口号的小传单，展开政治宣传攻势。（见蓝博洲先生《台湾向何处去——"二二八"与台盟的人民民主斗争》）

1949 年 9 月 4 日，《人民日报》头版刊发消息，"台湾民主自治同盟主席谢雪红声明反对美帝侵我台湾阴谋　全台人民正以欣欣心情迎接解放"。在这篇声明里，谢雪红严词抨击美帝、国民党，以及受美国策动的"台独"主张者廖文

台灣民主自治同盟高山族盟員田富達的談話

我們高山族人民的政治主張是國內各民族一律平等，並有自治的權利，否則就根本不能改善我們的生活和提高我們的文化。但是我們已很明白地認識到，這些要求在帝國主義和國民黨反動派的統治下，是絕對不可能實現的。帝國主義者必然地要侵略壓迫弱小民族，他們決不肯給我們任何自治、平等。我們知道美國國內的黑人及菲律賓人民所受的痛苦，甚至在美國的電影上面都經常可以看到黑人被白人壓迫，侮辱，姦淫，非刑拷打，迫害屠殺。我們也清楚地了解，只有在新民主主義的新中國下面，我們的一切要求才有可能實現。我們堅決和全國人民一道，反抗美帝國主義的侵略，並澈底消滅國內反動派，建設新中國。美帝國主義者妄圖侵佔台灣，全國人民決不容忍，我們高山族人民向來就不怕任何犧牲，英勇善戰，能忍受最大的艱難困苦，如果美帝國主義胆敢向我們進行武裝挑釁，我們便將為保衞國土的神聖戰爭盡最大的努力，並相信必然會得到偉大的勝利。

（一九四九年九月三日）

（按：高山民族是台灣的原住民，在日寇統治時代曾遭受多次大屠殺，有些種族已被滅亡，現殘存七個種族，語言互異，沒有自身的文字，過着很窮困的原始生活，現有人口二十多萬。）

· 9 ·

★ 1949 年 9 月，田富达发表谈话，反对美国侵占台湾，坚决保卫祖国领土（见《新华时事丛刊——台湾问题》）

毅等分裂祖国的行径，并表示，台湾人民期待中国人民解放军解放台湾。这篇声明代表了当时全体台湾人民的心声，体现了台盟的政治主张。

1949年9月24日，《光明日报》刊登了各民主党派代表的专访，谢雪红表示"台湾人民确认必须在中共领导下才能完成中国人民的革命，才能解放台湾"。她说：

中共领导全国人民的革命，特别是二十二年来领导了中国人民的武装斗争，和三年多来人民解放军的英勇善战，才有了今天的胜利。我们台湾人民对中国共产党的艰苦奋斗抱着无限的钦佩和感激……台湾人民确认必须在中共领导下才能完成中国人民的革命，才能解放台湾。

★ 1949 年 11 月 1 日，中国人民解放军华北军政大学台湾队学员毕业。台盟主席谢雪红陪同朱德总司令到华北军大看望台湾队学员并合影留念（杨克煌摄）

★ 1949 年 11 月 1 日，台盟主席谢雪红陪同朱德总司令到华北军大看望台湾队学员（杨克煌摄）

★ 1949 年 11 月 1 日，台盟主席谢雪红陪同朱德总司令到华北军大看望台湾队学员。图为台盟主席谢雪红（中）与学员亲切交谈（杨克煌摄）

★ 1949 年 11 月 13 日,《人民日报》刊载朱德总司令、台盟主席谢雪红在华北军大看望台湾队学员的消息

★ 1950 年 1 月 8 日,《新华日报》发表《台湾人民组织起来,彻底粉碎美蒋阴谋 台盟主席谢雪红发出号召》

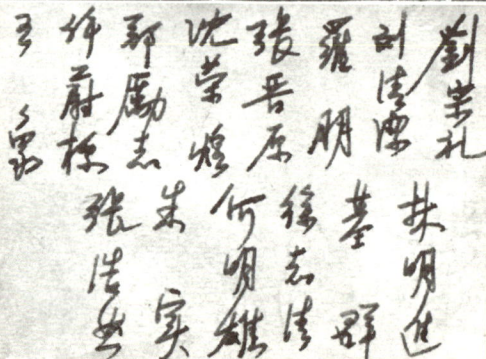

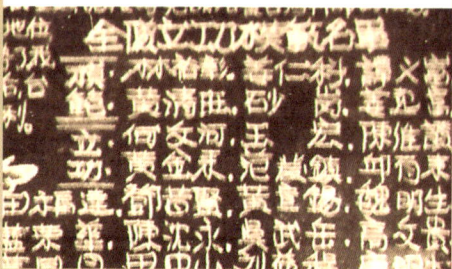

★ 台盟向中国人民解放军华北军大推荐了很多台籍进步青年，他们在革命队伍的大熔炉里得到了锻炼。这些台湾青年在后来的祖国建设和祖国统一大业中奉献了青春年华。上图为部分台籍进步青年入读华北军大前在北京合影。下图为1949年，华北军大黑板上的台湾队立功、模范人员的部分名单（杨克煌摄）

★ 1950年5月，已加入台盟并被推荐到中国人民解放军华北军大学习的部分台籍青年毕业合影

★ 1950年，谢雪红与在中国人民解放军华北军大学习的台籍学员合影（杨克煌摄）

★ 1950年2月28日，首都各界举行台湾"二二八"三周年纪念大会，朱德总司令出席会议并发表讲话。大会分别由林铿生、郭焜烈致辞和作报告。解放军代总参谋长聂荣臻发言。各民主党派和无党派知名人士李济深、沈钧儒、郭沫若、黄炎培、彭泽民、许德珩等在大会上发言。在京各界六百多人出席了大会。图为朱德总司令在大会上讲话

1949年11月1日，台盟主席谢雪红陪同朱德总司令到华北军大看望台湾队学员。朱总司令向学员发出号召：我们一定要解放包括台湾在内的一切中国领土。谢雪红鼓励各位台籍学员：台湾人都在迫切地期待你们赶紧打到台湾去，解放你们的父母妻子兄弟姐妹和你们的朋友。

1950年2月28日，台湾人民"二二八"起义三周年时，台盟总部分别在北京、上海等地隆重举行了纪念大会。在北京的首都各界纪念大会上，朱德总司令发表讲话，

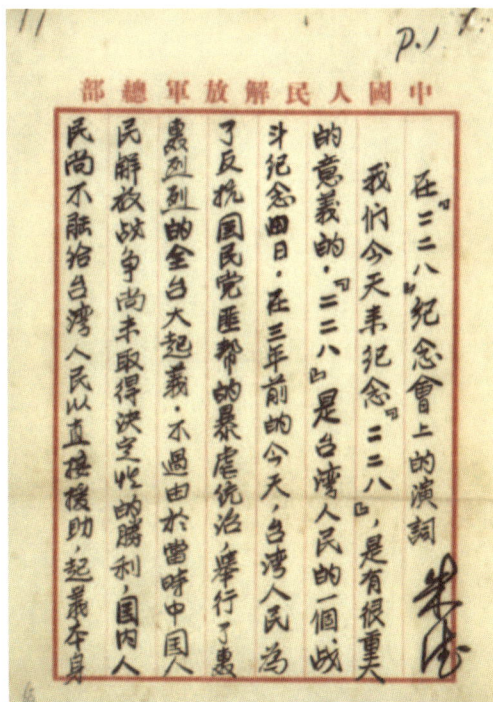

★ 朱德总司令在"二二八"纪念会上的演词（部分）

GIEFANG RHBAO
解放日报
一九五〇年二月二十八日 星期
（第一张）

中共中央发出通知
保证完成农业生产任务
政务院批准农业部计划并通令实施

中央农业部发布
今年农业生产指示
总的方针：以恢复生产为主
中心任务：增产粮食和棉花

藏族代表谒朱副主席
要求迅速解放西藏

纪念「二·二八」三週年
台盟号召台湾同胞
配合大军解放台湾

标志着少数民族革命事业的发展
赛福鼎等经批准入党

以实际行动反轰炸
本市内迁厂等机器日增
亚洲电业厂等机器已北运

★ 1950年2月28日，上海《解放日报》全文刊载《台盟号召台湾同胞配合大军解放台湾》

★ 朱德总司令出席台湾"二二八"三周年纪念大会并发表讲话

发出了我们一定要解放台湾的号召，各民主党派领导人李济深、沈钧儒、黄炎培、许德珩和郭沫若也在会上讲了话，各界人士600多人出席大会。在上海，台盟总部及台湾旅沪同乡会共同举办纪念大会。华东党政军负责人饶漱石、刘晓、宋时伦、郭化若等和台盟李伟光、李纯青出席并讲了话，表达了各界人士解放台湾的坚定决心。谢雪红在大会上宣读《告台湾同胞书》（见附录），她说：

我们台湾人民有着数十年间反对日本帝国主义的革命传统，尤其我们在"二二八"反对国民党反动统治的斗争中，所表现出来的伟大的英雄气

★ 1950年2月28日，台盟总部在上海举行纪念台湾人民"二二八"起义三周年纪念大会，台盟主席谢雪红代表台盟号召广大台胞：我们每时每刻都要为解放台湾的光荣任务而奋斗。解放军某部台湾干训团团长蔡啸出席并讲话。图为谢雪红在大会上宣读台盟《告台湾同胞书》

★ 1950年，台盟总部在上海组织盟员集会，庆祝中华人民共和国成立一周年，并高举横幅，反对美国侵略台湾

★ 1950年五一劳动节，在上海的盟员参加五一集会后合影。左起：简德旺、李绍东、谢雪堂、李乔松、周青、蔡子民、李玲虹、陈火城、叶绿云、王天强、甘莹、李伟光、苏新、谢知母等

★ 1950年8月，时任解放军第三野战军第九兵团台训团团长的蔡啸给台盟主席谢雪红的信。除对这位老乡的问候外，还就目前的形势和干部的安排交换了意见

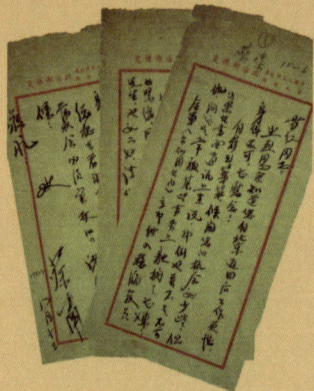

概，是值得我们骄傲的。所以今天我们必须再发挥这种光荣的革命传统和"二二八"英勇斗争的经验，来粉碎蒋匪帮和美帝国主义的阴谋。在解放台湾的战争中，有力地配合人民解放军。台湾的解放是必定要实现的。

1950 年 1 月 27 日，华东军政委员会成立大会在上海举行。出席大会的台盟主席、华东军政委员会委员谢雪红说："台湾是一定要解放的，台湾人民是一定要大翻身的。台湾是我们中华人民共和国的领土，决不允许中外反动派继续在那里有立足的余地。"她号召台湾人民加紧动员起来，坚决展开反对美蒋反动派的各方面的斗争，为争取台湾人民的解放而奋斗到底。

1950 年 6 月，台盟主席谢雪红在全国政协一届二次会议提出"建议案"，"拟请中央人民政府明令宣布保障台湾人民生命财产"。"建议案"强调，台湾人民在日本占领时期，参加日本国家之军事、政治、经济等机构工作，除少数违反国际公法，依远东军事法庭惩治战犯条例构成战争罪者之外，一律不予追究，其财产应受法律保障，不得作为敌产业论处，等等。这份文件在其中第五条特别作了说明：

在政治意义上，台湾人民五十年来受日本帝国主义压迫，归还祖国后又受国民党反动派黑暗统治，因此，台湾人民盼望人民解放军迅速解放台湾。但由于历年日本法西斯教育与国民党反动宣传的影响，和地理上的阻隔，一般人们对中央人民政府与人民解放军的政策、法令，或有不能明白理解者，特别是最近反动派制造谣言，企图鼓吹"恐共"和"反共"心理以破坏我解放台湾工作。在此时，明令宣布保障台湾人的生命财产，借以粉碎反动派谣言，廓清台湾人民之疑虑，以利于解放事业之进行，实有重大意义。

★ 1950 年 9 月 18 日，《新华日报》发表台盟主席谢雪红署名文章——《台湾是中国的领土，决不容美国侵略者染指》

★ 1950 年 11 月 5 日，《人民日报》头版发表《各民主党派联合宣言》

　　1950 年 6 月 25 日，朝鲜半岛爆发大规模战争。台盟和全国人民一起，对美帝国主义的侵略行为表示极大愤慨。1950 年 6 月 29 日，台盟主席谢雪红对新华社发表谈话。她说：

　　全国人民，特别是台湾同胞应该一齐奋起，起来响应周总理的号召，以我们人民的力量来制止"美国帝国主义在东方的新侵略"，以人民的力量来保证"台湾属于中国"这个"永远不能改变"的事实。

　　1950 年 9 月 18 日，《新华日报》发表台盟主席谢雪红署名文章——《台湾是中国的领土，决不容美国侵略者染指》。文章说：

　　台湾民主自治同盟代表我台湾省全体人民的意志与愿望，坚决支持中华人民共和国中央人民政府外交部周恩来部长历次所做的关于反对美国政府侵略台湾的声明和抗议。台湾省人民以无比愤慨的情绪，誓必加紧团结起来，为反对美国侵略，为消灭蒋匪帮的反动统治和争取台湾的早日解放而奋斗到底。

　　1950 年 10 月 25 日，台盟总部驻京办事处主任、华北总支部主委林铿生代表台盟出席全国各民主党派协商会，共同决定签署抗美援朝联合宣言，表示坚决拥护中共中央决策。

　　1950 年 10 月 26 日，全国人民抗美援朝运动的统一领导机构——中国人民保卫世界和平反对美国侵略委员会（简称"中国人民抗美援朝总会"）成立。各民主党派及中国新民主主义青年团与中国共产党联名发表了抗美援朝、保家卫国的《各民主党派联合宣言》。宣言严正宣布："中国各民主党派誓以全力拥护全国人民的正义要求，拥护全国人民在志愿基础上为着抗美援朝保家卫国的神圣任务而奋斗。"11 月 5 日，台盟华北总支部举行座谈会，一致拥护各民主党派所发表的联合宣言。号召每一位盟员为援助朝鲜，解放台湾，保卫祖国的神圣任务，不惜任何牺牲，不怕一切困难，将所有的力量贡献祖国。

　　1951 年 2 月 28 日，台盟总部在上海召开台湾人民"二二八"起义四周年纪

★ 1951年，台盟总部驻京办举行纪念台湾人民"二二八"起义四周年大会。民主党派领导人李济深、许德珩等出席大会

★ 1951年7月，参加抗美援朝战争并荣立战功的台籍志愿军参谋丁光辉（右）、林东海（中）、许昭勋（左）在山海关留念

念大会。台盟总部主席谢雪红号召旅沪台胞积极参加抗美援朝保家卫国运动，并和全上海人民团结一致，加紧生产。台盟华东总支部主委李伟光等在会上发言。大会最后通过了致毛主席电、致朝鲜人民军电、致中国人民志愿军电。

1951年3月1日，新华社电文：

台湾民主自治同盟总部2月28日晚在沪召开台湾人民"二二八"起义四周年纪念大会。到会旅沪台胞及各机关台湾籍干部六百余人，上海市副市长潘汉年、民主党派代表盛丕华、张纪元及曾出席世界第二届和平大会的代表金仲华、刘良模等亦应邀参加。

在全体与会者向"二二八"起义中牺牲的烈士、同胞静默致哀后，由台湾民主自治同盟总部理事郭炤烈报告了"二二八"起义的经过。台湾民主自治同盟主席谢雪红讲话，她指出：有了五十年反抗日本帝国主义野蛮统治和五年多反抗美蒋统治的光荣传统的台湾人民，绝不能容忍美帝国主义图谋重新武装日本。台湾人民将加强自己的斗争，协助人民解放军，解放我们神圣的领土台湾，并与全国人民一起，联合苏联、朝鲜，并联合全亚洲人民包括日本人民在内，彻底粉碎美帝国主义重新武装日本的罪行。继由潘汉年代表上海市人民政府、中共上海市委员会讲话称：我们上海人民一向关心台湾人民在美蒋统治下的痛苦和他们的英勇斗争。他号召旅沪台胞积极参加抗美援朝保家卫国运动，并和全上海人民团结一致，加紧生产，坚决镇压反革命。盛丕华、金仲华、刘良模和台湾民主自治同盟华东总支部主任委员李伟光也都讲了话。大会最后通过了致毛主席电、致朝鲜人民军电、致中国人民志愿军电。

在抗美援朝期间，台盟总部积极动员盟员和生活在大陆的台胞参加志愿军赴朝作战。盟员谢知母、林东海、黄幸、蔡管仲、魏正明、丁光辉、王宏、陈昆仑、林汉漳、斐裴、荣才、陈合来等参加志愿军赴朝作战，有的参加朝鲜运输队，有的参加志愿军医疗队。其中，台盟盟员、中国医学科学研究院研究员谢知母参加美帝国主义细菌战罪行调查团工作，在查清和揭露美帝发动反人类的细菌战罪行中积极有为，荣获朝鲜民主主义人民共和国二级国旗勋章。丁光辉、蔡管仲、魏正明荣立中国人民志愿军三等功，林东海、王宏荣立四等功。还有很多大陆台胞

★ 1950年，部分台训团团员欢送参加抗美援朝的黄辛潘（又名黄幸，前排左三）同志

★ 谢雪红与抗美援朝志愿军战士亲切交谈

也参加了抗美援朝战争，如第三野战军第九兵团台训团蔡啸团长，后荣获朝鲜军功奖章。更有一大批台盟盟员投入支援前线的后方医院，如大连创盟主委简仁南带队参加医院救护伤员工作，蔡管仲担任手术队队长等。体现了台盟人的爱国情怀和不惧牺牲的精神。

　　1951 年 6 月 1 日，中国人民抗美援朝总会发出了《关于推行爱国公约，捐献飞机大炮和优待烈军属的号召》。6 月 6 日，台盟总部发表谈话，号召旅居大陆各地台湾同胞大力开展捐献武器运动。北京、上海、广州等地台胞积极响应。旅居上海的台湾同胞情绪高涨，纷纷前往台盟华东总支部响应号召。经过数日酝酿和协商，于 6 月 10 日由台盟华东总支部牵头成立"台湾旅居上海同胞抗美援朝捐献武器运动委员会"，简称"上海台胞捐献委员会"。12 日召开了第一次常务委员会，确定委员会的宗旨为"团结旅居上海台胞响应中国人民抗美援朝总会'六一'号召，教育与提高台胞政治认识，发扬爱国主义精神，并在各自岗位上推行爱国公约，做好优待军属烈属工作，在自觉认识的基础上，以实际行动来支持抗

★ 蔡啸参加抗美援朝所获朝鲜军功奖章

★ 1951 年 6 月 27 日，《光明日报》发表《台盟号召旅居各地台胞积极响应三大爱国号召》，号召各地台胞积极响应抗美援朝三大爱国号召

★ 1951年10月23日至11月1日，中国人民政治协商会议第一届全国委员会第三次会议在北京举行。图为谢雪红在会议第六天作发言

★ 1954年8月22日，中国各民主党派、各人民团体共同发表《为解放台湾联合宣言》

美援朝，大力开展捐献武器运动，以期更有力打击美国侵略强盗，早日取得战争的最后的胜利，及争取台湾解放的有利条件"。会议选举李伟光为上海台胞捐献委员会主任，下设秘书组、宣教组、募捐组。

经过数次集会，台盟盟员和台胞普遍认识到抗美援朝和解放台湾的密切关系，踊跃开展抗美援朝捐献活动。其中，谢雪红带头捐献300万元（旧制人民币），李伟光拍卖了一辆私家汽车，所得款项全部捐出，起到了模范带头作用。虹口区台籍医生开展义务应诊，半价收费，所得款项全部用于捐献。从事家务的女盟员和女台胞，积极参加缝纫组赶制用于捐献的蚊帐。仅上海共有235位盟员和台胞参加捐献，捐献金额达62850万元（旧制人民币），为抗美援朝战争的最后胜利贡献了力量。

1951年10月30日，台盟主席谢雪红在中国人民政治协商会议第一届全国委员会第三次会议上发言，她说：

台湾人民与日本帝国主义作了半世纪的斗争，最后与祖国的大陆人民共同打败了日本帝国主义，根据这一从长期斗争中取得胜利的经验，加上现在祖国的强大和一年来在朝鲜前线的胜利，台湾的解放一定要实现是毫无疑义的！根据最近台湾的情况来看，台湾人民并没有屈服，反对美国侵略者和蒋匪帮的斗争并未间断过，解放台湾的工作，台湾人民也正在准备着。这是可以告慰祖国父老兄弟和姊妹们的！

1954年6月，台盟总部理事会增选李纯青为副主席。

1954年7月27日，上海市各界人士两千多人集会，庆祝日内瓦会议达成协议。台盟代表李伟光在会上强调：中国人民一定要解放台湾。

1954年8月22日，中国各民主党派各人民团体共同发表《为解放台湾联合宣言》，严正宣告：为了保障祖国安全和领土完整，为了保障亚洲及世界的和平，中国人民一定要解放台湾。台湾是中国领土不可分割的一部分，解放台湾是行使中国主权，是中国人民的内政，决不容许任何外国干涉。如果外国侵略者敢于阻挠中国人民解放台湾，那就是干涉中国的内政，侵犯中国的主权，破坏中国的领

★ 1953 年 2 月，台盟主席谢雪红出席《中苏友好同盟互助条约》签订三周年纪念大会请柬（左）、信封（右）

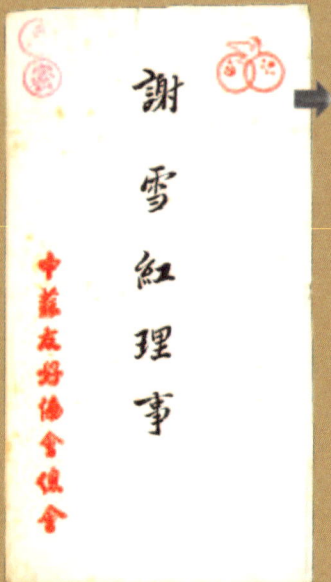

★ 20 世纪 50 年代，台盟主席谢雪红使用的名片

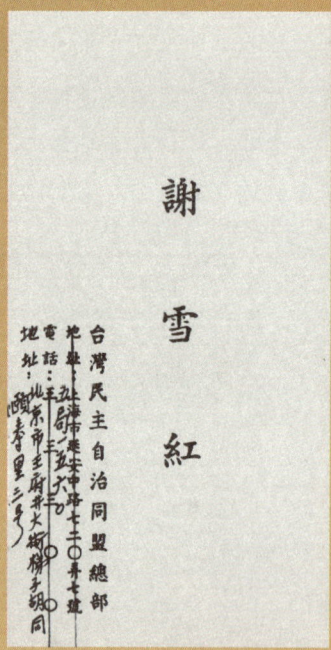

★ 1954 年 9 月，国务院总理周恩来邀请谢雪红等各民主党派负责人出席纪念中华人民共和国成立五周年大会请柬

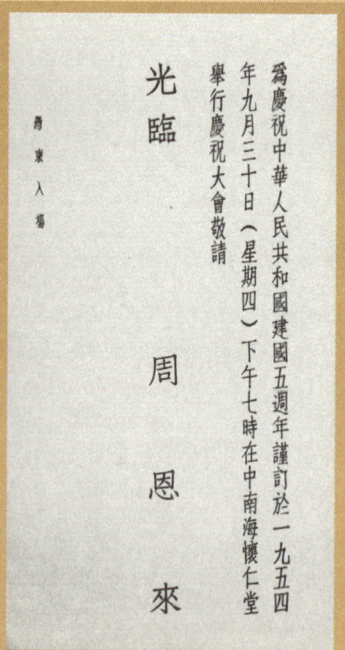

土完整，他们就必须承担这一侵略行为的一切严重后果。《为解放台湾联合宣言》要求全国人民更加坚定地团结起来，从各方面加强工作，为解放台湾、反对美国干涉、保障祖国安全、保卫世界和平而奋斗。李纯青代表台盟在宣言上庄严签字。

　　1955年，中央关于解决台湾问题的方式开始发生变化。根据毛泽东主席的指示，周恩来总理在4月召开的万隆会议上指出，"中国人民愿意在可能条件下，争取用和平的方式解放台湾。"5月13日，周总理在全国人大常委会上重申了这一方针。7月，全国人大一届二次会议召开，李纯青在会上发言，他说：台湾是中国的领土。美国侵占台湾不但破坏了中国的主权和领土完整，威胁着我国的安全和和平建设，而且已经造成远东的紧张局势。中国人民是爱好和平的，中华人民共和国政府不止一次地表示愿意坐下来同美国谈判和缓远东局势的问题，特

★ 1955年10月，台盟总部举行在京盟员座谈会，纪念台湾光复10周年。会议由台湾民主自治同盟主席谢雪红主持。副主席李纯青在会上作了报告。大家一致表示：要努力工作，积极参加祖国的社会主义建设，为拯救生活在水深火热中的台湾同胞而奋斗到底。参加座谈会的人都充满着坚定的信心，认为台湾一定要解放，台湾同胞一定会回到祖国的大家庭中来。图为台盟总部副主席李纯青（站立者）在会上发言，谢雪红（左六）、田富达（左四）等部分在京盟员出席

★ 1956年10月1日，台盟主席谢雪红与同乡在北京台盟总部欢迎从印尼来北京的台籍爱国华侨一行。图中：谢雪红（中排右四），黎秀英（中排右五，沈毅母亲），沈毅（中排右六，时任谢雪红主席秘书），叶仁寿（左一），付力力（后排右一，谢雪红身后者），林义旻（前排右一，沈毅长子），林少萍（前排右四，沈毅长女，在华北小学读书）

★ 原中央民族学院中南分院，现已发展为规模较大的综合性大学——中南民族大学

别是和缓台湾地区紧张局势问题。

1956年1月，全国政协二届二次会议召开。周总理代表中央在会上作《政治报告》，毛主席对这份报告中台湾问题的内容曾作了如下修改："我国政府一年来曾经再三指出：除了用战争方式解放台湾以外，还存在着和平方式解放台湾的可能性。这样，我国大陆人民和台湾人民就有一种共同的爱国的责任，这就是除了积极准备在必要的时候用战争方式解放台湾以外，努力争取用和平方式解放。"会议期间，毛主席还专门会见李纯青等台盟政协委员及列席代表，这使台盟人士更加深刻领悟了毛主席关于实现台湾与大陆和平统一的思想。其后，李纯青以台盟副主席身份应邀参加了毛泽东主持召开的最高国务会议。毛泽东主席在许多场合反复强调和平解放台湾问题的同时，还明确提出与国民党再次合作，提出"和为贵""爱国一家""爱国不分先后"等政策主张。在李纯青的领导下，台盟配合中央对台战略部署，发挥台盟特色，举行纪念台湾人民"二二八"起义的活动，声援台湾人民反帝爱国斗争，组织盟员向台湾乡亲宣传和平解放台湾的方针。

谈到毛主席的接见，2016年夏，89岁的杨威理先生回忆道：

> 我是二届政协列席委员。会快散时，毛主席、朱总司令等来见大家，我们按民主党派顺序排列，等待握手。当时李纯青是正式代表。李纯青一个一个介绍，后来在那天晚上的一个宴会上，李带着我们向主席敬酒，大家围着主席，主席问，台湾民主自治同盟（用）闽南话怎么说？李用闽南话说了一遍，主席略有惊异，意为和普通话还是有不少区别嘛。

1956年春节，毛主席等党和国家领导人在中南海怀仁堂接见并宴请各民主党派的负责人。在接见台盟的负责人时，周总理向在场的田富达同志了解在大陆高山族同胞的情况，并指示要使他们有学习的机会。据此，田富达致信中共中央，建议有关部门选送一批高山族干部到中央民族学院进修。5月由邓小平批示，交由中央统战部协办。于1957年9月在中央民族学院中南分院政治系内专设"高山族研究班"，培养了36位高山族的第一批大专毕业生。

★ 1953 年 2 月，台盟总部召开台湾人民"二二八"起义六周年纪念大会

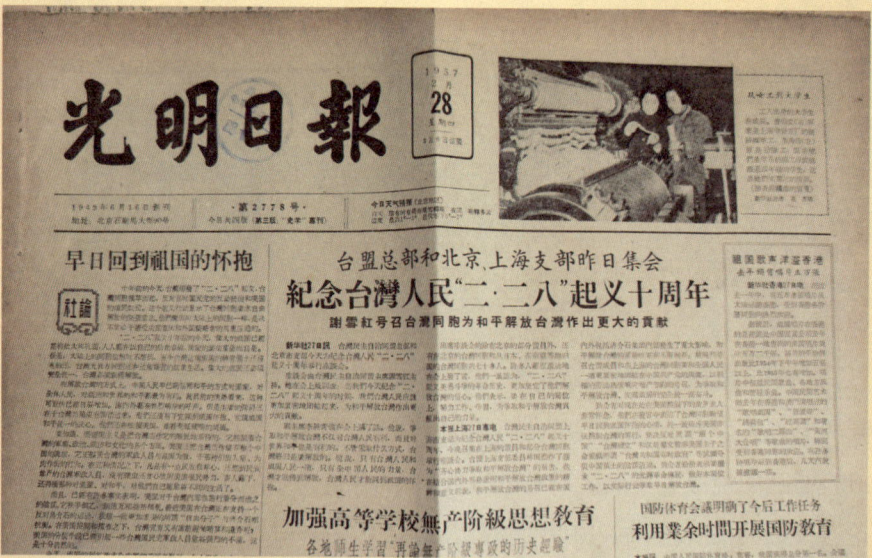

★ 1957 年 2 月，《光明日报》发文《纪念台湾人民"二二八"起义十周年》

★ 1958 年 2 月，台盟总部召开台湾人民"二二八"起义十一周年纪念座谈会

★ 1960 年 2 月，台盟总部召开纪念台湾人民"二二八"起义十三周年座谈会

★ 1956年，谢雪红在北京王府井大街梯子胡同颐寿里3号办公室

1960.6.29

上海广州旅大台盟成员和台籍同胞纷表决心

和全国人民一起把美帝赶出台湾

1960.6.29 人民日报

据新华社28日讯 上海、广州、旅大等地的台湾民主自治同盟地方组织成员和居住在当地的台湾籍同胞，这两天纷纷举行集会，愤怒谴责美帝国主义阴谋制造"两个中国"、妄图长期霸占我国领土台湾的罪行，表示决心加强斗争，把美国侵略者赶出台湾去。

上海市台盟和其它民主党派地方组织人士、前国民党军政人员、在上海的台湾籍同胞以及台湾蒋帮军政人员在上海的家属等七十多人，27日下午举行集会。台盟上海市支部主任委员谢雪堂在会上说，美帝国主义侵占台湾十年来，把台湾变成了人间地狱，目前它又在加紧推行"孤立台湾"的阴谋活动，企图达到"托管台湾"。但是，富有反帝爱国斗争传统的台湾同胞是懂得怎样去对付美帝国主义的，他们一定会和祖国人民一起，把美国侵略者赶出台湾去。上海市副市长、民革上海市委主任委员赵祖康在会上说，美帝国主义对台湾的统治是台湾人民灾难和痛苦的根源。最近

美帝国主义的头子艾森豪威尔又到台湾活动，继续进行制造"两个中国"的阴谋活动，企图进一步变台湾为美帝国主义的殖民地，这是中国人民绝不能容忍的。台湾是我国的神圣领土，我们一定要解放台湾。在上海的台湾籍同胞吴丁福、叶绿云、刘立章等人说，台湾人民从长期的反帝爱国斗争中体会到，只有和祖国人民一起坚决彻底地把美国侵略者赶出台湾去，才是他们唯一光明的道路。在上海的前国民党军政人员和台湾蒋帮军政人员的家属们在发言中，希望台湾蒋帮军政人员同祖国人民一起，把美国侵略者赶出台湾去。

台盟广州市支部成员和在广州的台湾籍同胞，在美帝国主义侵占台湾十周年前夕举行了集会。台盟广州市支部主任委员林东海在会上说，台湾是我国神圣的领土，我们坚决反对美帝国主义侵占台湾，坚决反对美帝国主义的"两个中国"、"托管台湾"和"台湾独立"等一切罪恶阴谋。解放台湾是我国

人民坚定不移的意志，美帝国主义必须滚出台湾去。台盟广州市支部副主任委员丘琳说，美帝国主义制造"两个中国"，搞什么"台湾自治"的阴谋，在六亿五千万中国人民的坚决反对下，肯定要遭到可耻的失败。

台盟广州市支部委员陈维赞说，美国侵略者在我们的故乡横行霸道，干尽了坏事，总有一天我们要它清还血债。台盟盟员黄明说，今天的中国已不是过去贫穷弱小、任人宰割的旧中国，而是巍然屹立的强大的新中国。美帝国主义企图长期霸占台湾的阴谋，必定会遭到可耻的失败。台湾籍妇女林锦秀充满信心地说，我们胜利的红旗，一定能够在台湾的高山——玉山顶上飘扬。1956年才离开台湾的暨南大学台湾籍学生吕文暗，揭露了美帝国主义在台湾犯下的罪行，谈到了英勇的台湾青年和人民进行反美爱国斗争的情况。他说，在台湾许多地方，都出现了反美的传单。还不止一次地发生过台湾青

年痛打行凶的美国侵略兵的事情。他说，台湾人民绝对不容许美帝国主义为非作歹，中国人民一定要把美帝国主义赶出台湾去。

在台盟旅大市支部26日举行的集会上，台盟旅大市支部主任委员陈文说，美帝国主义在发动侵朝战争的同时霸占我国领土台湾，是企图以朝鲜和台湾作为跳板侵略我国大陆，并进而达到它霸占全亚洲的卑鄙目的。但是十年来的事实已充分说明，美帝国主义这个阴谋是永远实现不了的。陈文号召台湾爱国军民同胞同祖国人民团结起来，一致对外，把美国侵略者赶出台湾去。台盟女盟员卢渺贤说，台湾在美帝国主义的霸占下，变成了人间地狱，工人失业，农民失去了土地，妇女被迫沦为娼妓。我们一定要向美帝国主义算满这笔血债。台盟旅大市支部委员、大连医学院讲师丘宝云说，有强大祖国人民作后盾的台湾同胞，一定会把美帝国主义赶出去，台湾一定会回到祖国的怀抱。

★ 1960年6月29日，《人民日报》发表文章：台盟部分地方组织谴责美国图谋制造"两个中国"、妄图长期霸占我国领土台湾的罪行。反对任何形式的"台独"，是台盟自成立以来旗帜鲜明的政治态度，几十年来一贯如此

第六章　晚年的心境

　　谢雪红的晚年，应该说是曲曲折折。那个年代，有这样经历的人——一位台湾人，谁不是呢？每一位台湾同胞都有一段不寻常的故事，在他们心中，总有一块最柔软的地方——对家乡的思念。谢雪红亦是如此。即使在那个年代，谢雪红对中国共产党的感情丝毫未因挨整被批而减弱，对家乡的关注、对台湾人民的惦念之情反而越来越浓。

　　谢雪红对错划她为右派拒不承认。据当时与谢雪红一起生活过的她的秘书沈毅之子林义旻后来回忆，他经常听到谢雪红对杨克煌说，他们划我右派，他们肯定错了，总有一天会给我平反的。20世纪50年代，谢雪红在杭州治病疗养期间，曾多次写信委托杨克煌替她缴纳党费，而且是一再叮嘱。这成了他们通信的重要内容之一。在中国共产党成立39周年之际，她回首往昔，感慨万千，作《"七·一"书感》，以诗言志，表达对党的真挚情感。

"七·一"书感

庆祝中国共产党成立三十九周年，

建设社会主义大跃进，人民抢占争光。

共产党是东升的太阳，

照遍全国，光芒万丈。

照到那里，那里有诗篇，

照到那里，那里有歌唱。

歌唱毛泽东，

歌唱共产党。

★ 谢雪红赋诗，庆祝中国共产党成立39周年，表达一位老党员的心境。图为《"七·一"书感》部分内容

入 盟 申 請 書

本人(謝雪红)同意青盟綱領(解放台灣以建立新民主主義的新中國为綱領)
願遵守青盟盟章服務革命工作特此申請入盟
台灣民主自治同盟華北支部

姓名	謝雪红	年齡	48	籍貫	彰化	性別	女	教育程度	
成份	貧民		家庭經濟狀況			職業		住址或通訊處	
有何特長				在台在本地有何社會關係					
曾經參加過何種政治組織									
加入同盟的原因					何時入盟 介紹人		1949年 春友代紹		
是否參加其他黨派									
經歷									
對同盟的認識及對台灣解放認識									
備考	1949年5月由總部點入盟，總部現專長.								

★ 台盟第一任主席谢雪红在 1949 年填写的《入盟申请书》。从内容看，应该是那个时期统一补填的

★ 谢雪红（摄于 1950 年 8 月）

★ 台盟第一任秘书长杨克煌在 1949 年填写的《入盟申请书》

★ 1950 年 6 月，谢雪红在北京

★ 1950 年 6 月，谢雪红在北京台盟院内

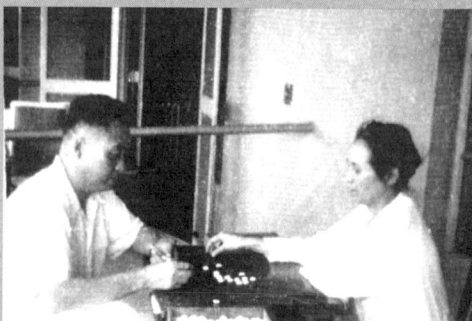

★ 20 世纪 50 年代，与友人对弈中的谢雪红

★ 谢雪红、杨克煌夫妇。1950 年 8 月 6 日摄于北京

★ 谢雪红与秘书沈毅在广州祭扫黄花岗七十二烈士陵墓

★ 1956 年，休闲中的谢雪红

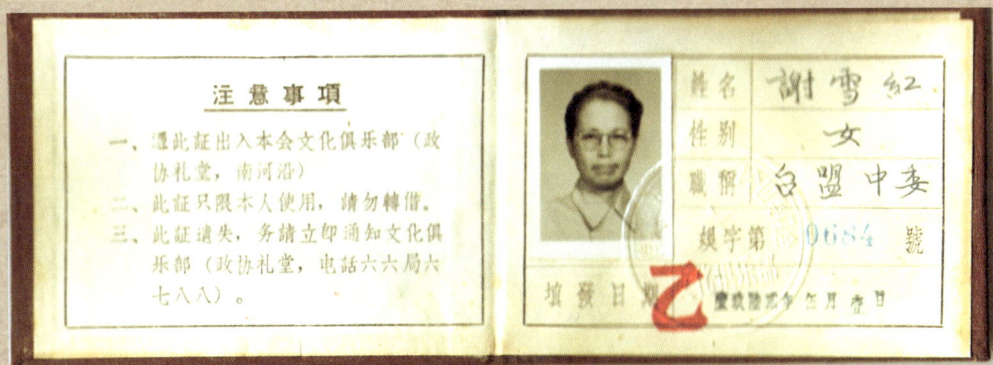

注意事项

一、凭此证出入本会文化俱乐部（政协礼堂，南河沿）

二、此证只限本人使用，请勿转借。

三、此证遗失，务请立即通知文化俱乐部（政协礼堂，电话六六局六七八八）。

姓名　谢雪红
性别　女
职别　台盟中委
证字第 0684 号

★ 谢雪红的全国政协文化俱乐部出入证

175

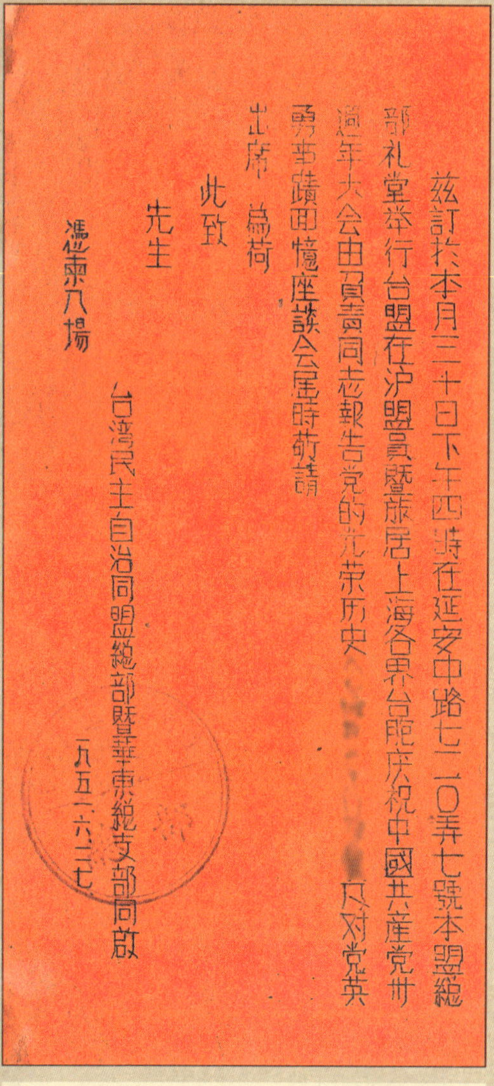

兹订於本月三十日下午四时在延安中路七二○弄七号本盟总部礼堂举行台盟在沪盟员暨旅居上海各界台胞庆祝中国共产党卅周年大会由负责同志报告党的光荣历史

勇军靖国忆座谈会届时莅请

反对党英

此致

先生

出席 为荷

台湾民主自治同盟总部暨华东总支部同启

冯寿宋八场

一九五一·六·二七

得通这几天是你的好运。

永久健康!

好吧!说你一路平安更希望你

希望「工作好学习好身体好」的实现。

最高的奖赏就是:我们亲爱的全中国人民对他的信任,交给他武器得红祖国。我希望和确信你将以实际行动来报酬实这他信任。

谢雪红

一九五四年一月六日病於湘南路

★ 1951年6月27日,台盟总部与台盟华东总支部在上海联合举办纪念中国共产党成立30周年大会,主题是回顾党的光辉历史,教育台胞跟党走。图为会议请柬

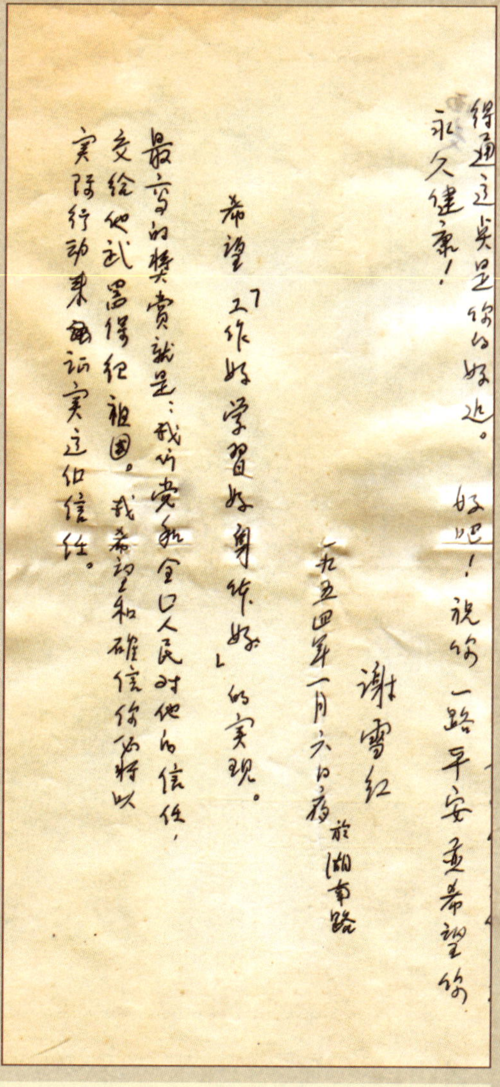

★ 1954年1月,同处逆境中的谢雪红给杨克煌的亲笔信,鼓励他要相信党相信国家。图为谢雪红给革命伴侣杨克煌亲笔信的一部分

★ 谢雪红、杨克煌，这对革命伴侣为民族的独立和祖国的统一奉献了一生

1957 年，全国性的反右派斗争扑面而来，谢雪红与其他民主党派的知名人士如章乃器、费孝通、钱伟长等，均被扣上右派帽子，遭到多次的批判。谢雪红保留党籍，被撤销台盟主席等职务。她丈夫杨克煌被劝退出党。不过，作为 1925 年就参加革命的老党员，谢雪红至死也不承认自己是右派，并拒绝了好意相劝的友人。据《统战秘辛》记载：1961 年，老友邓初民想找她谈谈，有关部门给她摘掉右派分子的帽子，她断然拒绝说："我是共产党员，不是右派分子，有什么右派帽子好摘的？！"

她最后留下三句话：

一、我不是右派，是共产党员。

二、我拥护共产党，拥护社会主义。

三、我犯过错误。

这三条可谓是铿锵有力、掷地有声，也体现了这位台湾革命家、共产主义战士的高尚情操和革命气节。谢雪红的晚年并不安逸，她的禀性也不可能让她安逸。

1970 年 8 月，谢雪红病情恶化（患肺癌），被送到北京隆福医院。11 月 5 日下午 1 点 30 分与世长辞，享年 69 岁。一些"台独"分子别有用心地称谢雪红临终前一直待在医院的走廊里，没有人管；甚至还有一种更加荒唐的说法——谢雪红"死在猪圈里"，真可谓想象至极。这里摘录胡治安先生的著作《统战秘辛》关于谢雪红临终情形的一段文字，以正视听：

临终前守在身旁的仅有伴随她大半生的杨克煌和台盟总部秘书郑鸿溪。郑先生是台湾人，曾是台湾师大的学生领袖（反对国民党独裁暴政——注）。在台盟总部是公道的好人，"文化大革命"后调入中共中央统战部任一局局长。当他守在谢雪红身边时，还请求医生说，她是位老同志，一定要想法挽救……

1971 年 3 月，根据周恩来总理的批复，将被抄家的物品及被扣工资归还杨克煌。

1973 年 4 月，中共中央统战部向中共中央有关领导呈报《关于处理谢雪红

台湾民主自治同盟总部

三、处理：
撤销原有职务，另行分配适当较低的工作。
(1)撤销台湾民主自治同盟主席职务
(2)保留台湾民主自治同盟总部理事（停职检讨）
(3)工资级别由八级降到十二级

我不是右派分子对此决定不同意
　　　　谢雪红　1958.1.25日

北京市王府井大街大甜水井颐寿里三號　　電話：五局一五六0號

★ 谢雪红对她错误处理的签字："我不是右派分子，对此决定不同意。"

★ 1958年7月21日，谢雪红以台湾妇女名义抒发对美帝国主义侵占台湾的愤慨

问题的请示》，提出摘掉谢雪红右派分子的帽子，对谢雪红自首问题不再重新处理，将谢雪红的骨灰移至八宝山革命公墓骨灰堂第五室。

"文化大革命"后，仍有一些人士对当年谢雪红那批日共党员"自首"纠缠不放。这里摘录一段中共中央纪委就瞿秋白同志平反的结论以供说明：

资料：1979年5月，中共中央责成中央纪律检查委员会对瞿秋白被捕问题进行复查。这份结论报告经中央书记处讨论通过后以中办名义下发通知传达到基层党组织。

（1935年）3月9日（瞿秋白）写过一份《自供》和《呈文》，其中写了几句贬斥共产党的话……这是在当时历史条件下采取的策略行动。"文化大革命"中的"讨瞿"文章，离开当时的历史背景具体情节，断章取义，把上诉《自供》和《呈文》说成是自首变节的行为，是不符合事实的……

台盟原主席张克辉在《啊！谢雪红》一书自序中阐述道：

关于"共产党的叛徒"问题。1931年谢雪红被日本统治者关押在台北监狱。根据已被捕的日本共产党领导人佐野和锅山的"转向"声明书，在牢中的日本共产党领导下的台湾共产党员也渴望保存力量，出狱后再斗争的情况下，谢雪红也写了"转向书"。对此，谢自悔"这是我一生中最大的污点"。王万得、苏新等人也都"转向"（后来从上海押送至台湾的翁泽生没有"转向"）。连王万得都说在牢中表现很好的谢雪红一人被戴上叛徒的帽子是不公平的。在报纸刊登的报道中提到的所谓被出卖的杨春松的二儿子杨国光在《一个台湾人的轨迹》（日文版）书中写到，把谢雪红打成极右分子不久的1959年后半年的一天，杨春松给家人流露说："即使谢雪红有错也不应那样打击她。"杨国光还写到，谢是一位台湾出身的优秀的革命家。

张克辉老先生提及的日共领导人佐野，是1929年在上海被捕的。后来，曾任日共总书记的德田球一在自传中指出，佐野、锅山、三田村、高桥等一批日共

★ 1956 年 8 月 8 日，谢雪红与丈夫杨克煌在北京台盟留影。谢雪红既是杨克煌的革命伴侣，也是杨克煌的革命领路人

★ 1956 年 8 月 19，谢雪红与丈夫杨克煌在天安门留影。当时，杨克煌在安徽省图书馆任副馆长

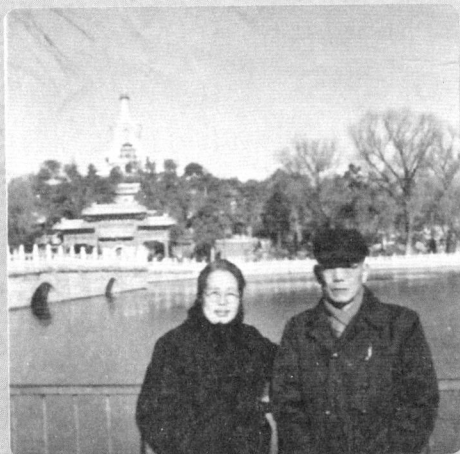

★ 1958 年 12 月，谢雪红与丈夫杨克煌在北京北海公园留影

★ 1959 年 5 月，谢雪红与丈夫杨克煌在北京颐和园留影

领导人的"转向"令同在狱中的德田"心中大为惊讶",日警以其"个人利益"诱其"转向","他们想要尽早出狱,因而完全中了敌人的诡计"。他表示"我自己也犯了错误,直到今天我还后悔这种错误"(见《德田球一自传》,世界知识出版社,1958年)。

当然,谢雪红也多次表示过对那个时候的行为的痛心疾首。"二二八"事件后,1947年7月,谢雪红等重新加入中国共产党,她没因此停止一个革命者的战斗步伐。

1980年5月8日,中共中央统战部呈中共中央《关于爱国人士中的右派复查问题的请示报告》显示,全国代表性较大的民主党派、上层爱国人士中,被划为右派分子的27人中有22人属于错划,提请民主党派中央复查。他们是:章乃器、陈铭枢、黄绍竑、龙云、曾昭抡、吴景超、浦熙修、刘王立明、沈志远、彭一湖、毕鸣岐、黄琪翔、张云川、谢雪红、王造时、费孝通、钱伟长、黄药眠、陶大镛、徐铸成、马哲民、潘大逵。

1980年6月11日,中共中央在批转《请示报告》的《通知》中指出,在反右派斗争中犯了扩大化的错误,并坚决加以改正,目的是团结一致向前看,同心同德搞"四化",并指出,有些人要全面历史地看待他们。他们中的有些人同中国共产党有过合作的历史,为人民做过一些好事,对这一点也应实事求是地加以肯定。对他们也应该在政治上和生活上予以适当照顾,能够工作的予以适当安排,发挥他们的积极作用。对其家属子女不得歧视。中央统战部的《请示报告》以及中共中央的《通知》精神,不但树立了改正错划右派的案例,而且明确了改正错划右派工作的原则和界限,扫除了思想障碍。

1980年7月25日,香港《大公报》转发中新社一条消息,大意是:台盟总部常务理事会作出决议,对台盟原主席谢雪红女士的错划右派作出改正,并经中共中央有关部门批准,等等。谢雪红所谓的右派问题终于得到改正。

谢雪红期盼着祖国的统一。她离开家乡二十余年而不能归,那种心情常人难以理解。即使在逆境中,她仍爱憎分明,对蒋介石集团勾结美国侵占台湾分裂祖国行径多次发表声明,拥护中共对台方针,表达台盟的观点和立场。她提出"解放台湾","反对美帝侵略台湾",反对任何的"台独"。她的政治主张至死不

★ 1960 年 1 月 28 日，春节，在北京家中的谢雪红

★ 1965 年 9 月 6 日，在北京家中的谢雪红

★ 1961 年 10 月 17 日，谢雪红 60 寿辰时在北京的留影

前台盟总部主席
谢雪红右派问题
当年就是被错划
台盟进行复查决定予改正

【中国新闻社北京二十四日电】本社记者报道：最近台湾民主自治同盟总部对前台盟总部主席谢雪红女士的错划右派作出决定，予以改正，并经中共中央有关部门批准。

谢雪红，台湾彰化一年生，台湾省彰化人，一九四七年起担任台湾民主自治同盟总部主席，一九五八年一月被划为右派分子，撤销台盟总部主席职务，保留台盟总部理事，一九七八年四月摘掉右派分子帽子，根据中共中央指示精神，台盟总部对谢雪红的右派问题进行了复查，经常务理事会讨论决定，对谢雪红所定的右派予以改正。谢雪红已于一九七○年十一月因病逝世。

★ 1980 年 7 月 25 日香港《大公报》刊载《谢雪红右派问题当年就是被错划》

183

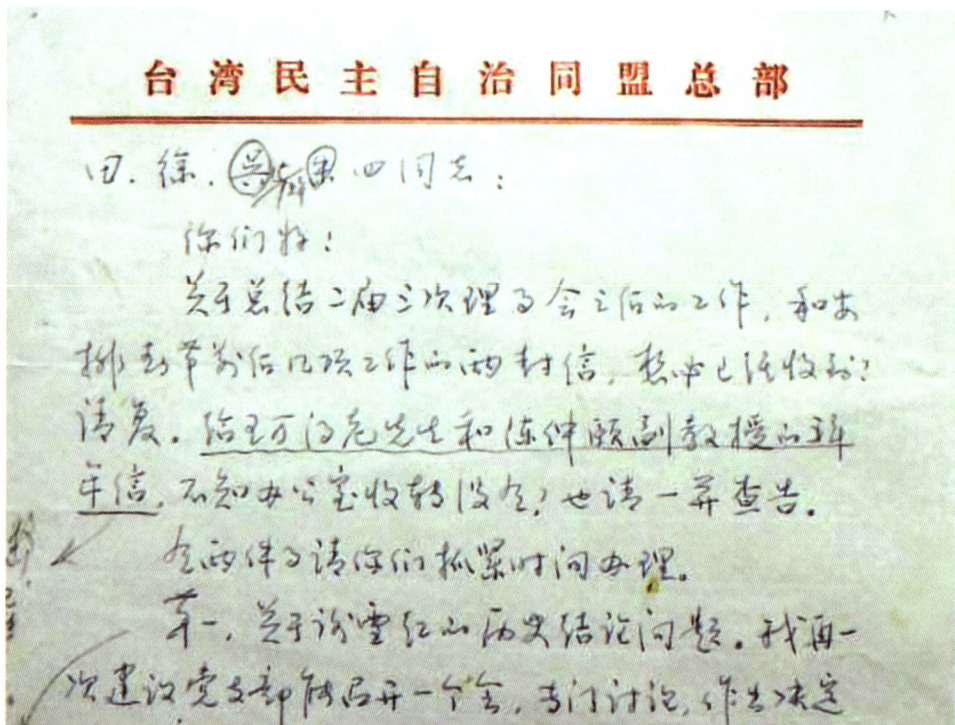

★ 1983 年 1 月 11 日，台盟总部主席蔡啸写信给台盟总部几位负责人，希望尽快落实平反谢雪红历史问题的亲笔信

渝，代表了那一代台盟前辈为祖国统一而奋斗的决心。

1986 年 9 月 15 日，台盟总部在北京隆重举行谢雪红骨灰移放仪式，将谢雪红骨灰由人民公墓移到八宝山革命公墓。中央统战部部长阎明复、全国人大常委会秘书长王汉斌出席仪式，中央统战部副部长武连元介绍了谢雪红的生平，充分肯定了谢雪红反抗外来侵略，争取实现国家统一的一生。全文如下：

谢雪红同志，1901 年出生于台湾彰化一个贫苦工人家庭，曾当过家庭教师、店员，接受"五四"爱国运动的影响，1923 年在台中参加台湾进步团体台湾文化协会。1925 年在上海参加"五卅"运动，同年加入中国共产党，年底入莫斯科东方大学，1927 年 12 月回国，1928 年在上海参加组建日本共产党台湾民族支部，即老台共，任中央候补委员，旋回台湾进行革命活动，1931 年因台共组织受到破坏而被捕，1939 年出狱后经商，1945 年日本投降后，曾发起组织人民协会、

★ 1986 年 9 月 15 日，谢雪红同志骨灰移放仪式在京举行，中共中央有关领导习仲勋、彭冲、王汉斌、杨静仁、平杰三等献了花圈。中央统战部部长阎明复、副部长兼机关党委书记武连元等出席了骨灰移放仪式，缅怀这位为中国革命奉献一生的爱国主义战士

农民协会，任中央委员。1947 年"二二八"起义中，谢雪红同志为台中地区的起义领袖，是这次起义很有影响的人物，起义失败后，转赴上海、香港，重新加入中国共产党。同年 11 月参与发起组建台湾民主自治同盟，任主席。1949 年出席中国人民政治协商会议第一届全体会议，被选为全国政协委员。1954 年被选为第一届全国人大代表。新中国成立后，谢雪红同志还担任过华东军政委员会委员，政务院政法委员会委员，全国民主青年联合会副主席，全国妇女联合会执行委员，台盟总部主席。1970 年 11 月 5 日因患肺癌病逝于北京，终年 69 岁。

谢雪红同志是台湾有一定声望的领袖人物，尽管她一生中有过曲折和错误，但她为反对外来侵略，实现祖国统一而斗争的精神，以及为此而做出的努力，是不可磨灭的。今天我们为谢雪红同志举行骨灰移放仪式，正是表达对她的纪念，表达对过去和现在一切为祖国统一事业做出贡献的台湾同胞的崇敬。

台盟总部、民革中央、全国台联有关领导李纯青、贾亦斌、徐萌山、林丽韫、曾明如等及在京台胞数百人出席了骨灰移放仪式。

谢雪红和杨克煌正是凭着对党和祖国母亲的挚爱，历尽艰辛从台湾回到祖国大陆的，他们从未动摇对党和国家的忠诚。中国共产党在十一届三中全会后拨乱反正，台盟盟员在"文化大革命"中被错误审查的结论和处理得到了彻底纠正。特别是台盟"二大"以后，台盟中央（当时称台盟总部）积极配合有关部门，认真贯彻《中共中央关于落实居住在祖国大陆台湾同胞政策的指示》（中共中央〔1981〕38 号文件）精神，为生活在祖国大陆的台胞从政治上、工作安排上及生活上做了大量落实政策的工作。谢雪红和杨克煌被错划右派的问题得到彻底改正，杨克煌同志恢复了中国共产党党籍。

1988 年，在北京八宝山革命公墓举行的杨克煌骨灰移放仪式上，台盟对杨克煌作如是评价："杨克煌同志在历史上对台湾人民的解放事业作出了贡献，解放后为祖国的社会主义建设，为发展爱国统一战线和祖国统一事业，做了有益的工作。今天，在他逝世十周年之际，我们为杨克煌同志举行骨灰移放仪式，对他一生为实现祖国统一事业作出的努力，表示我们的敬意。"

谢雪红的一生，正如全国政协原副主席、台盟中央原主席林文漪所说：

★ 谢雪红同志骨灰盒上覆盖着中国共产党党旗

台盟老一辈把青春年华和毕生精力奉献给了祖国，他们长期以来形成的坚定信念、奋斗目标和优良传统是台盟的宝贵财富，也是年青一代学习的榜样。在前辈们的指导、帮助和培养下，台盟在组织建设、参政议政等各方面做了一些实实在在的工作。新时期，我们一定会保持特色，切实履行好参政党职责，以出色的成绩不辱使命。

台盟盟员周青（曾任台盟评议委员会秘书长）这样回忆他所认识的谢雪红：

第一次谢雪红北上开人民协会台北分会筹备会议时是在泥水匠黄江连的家中，第二次在静修女中召开，这二次我都参加，觉得她是一个出身穷苦的老前辈，非常健谈，态度热情亲切，而且非常关心人民生活，随时愿意为人民事业牺牲自我的革命者。

主张"台独"、分离的人常以他们的立场出发来扭曲谢雪红的历史，通过歪曲谢雪红，把谢雪红"二二八"这面旗子抢过来作为他们的资本，来扩大他们的势力。真正研究历史的人都清楚，他们刻意假造历史，把谢雪红刻画成"台独"的"鼻祖"，简直不可思议！这些人的代表就是陈芳明，其实在我的眼里，陈芳明没有参与那段历史，根本不了解实际情况，只会恶意扭曲，胡说胡来，把谢雪红说成"台独"是对她最大的污辱。

谢雪红是我的前辈，也是我的老朋友，在日据时代，她勇敢地站出来反帝反封建，从一个奴婢成为领导人物，我十分钦佩谢雪红的勇气与智慧，钦佩她敢于反抗一切不义的事情。谢雪红在"反右"和"文革"期间受了冤屈，我也一样被批斗，事实上当时连国家主席在"文革"中都受难，其他人又如何逃过？不过后来中共中央已对谢雪红全面平反，肯定她对中国革命的重大贡献，评价她是优秀的共产主义战士，把她的骨灰安置在八宝山革命公墓，这些都说明了一切。我认为谢雪红是一位很了不起的台湾女性，在台湾历史上有很崇高的地位，任何真正尊敬谢雪红的人都不应该去扭曲她。

台盟盟员林东海（在台盟成立仅两个月时就在香港加入了台盟，曾任广东省

形势, 我本人也受到冲击, 坐过牛棚被抄家两次, 被
扣工资有年, 但是我 —— 在谈论我们, 千千万万受冲
击的人, 怎抵对党和国家曾有卓功伟绩的老同志,
除林彪一家外, 没有一个人逃亡外国。正如谚语所
说 "不论正确与否, 毕竟这是我的祖国"。

一九八八年二月五日

★ 原台盟总部副主席李纯青的夫人——谈家芳女士保留的李纯青手稿部分

60 周年

1947 年 "二·二八" 起义后, 谢雪红
等人在香港创建了台盟, 并任首任主席。

★ 2007 年 11 月, 台湾
民主自治同盟成立 60 周
年纪念邮册封底的谢雪红
肖像。70 年来, 海峡两
岸人民从未忘记这位爱国
爱乡的共产主义战士

政协副主席）这样回忆他与谢雪红在香港相识的情景：

　　谢雪红戴着墨镜，改姓陈。但我和她一讲话，一笑，我立即认出她了。她后来送了进步报纸给我看，我当时有一个问题：对祖国失望，只能自治。她说，你想错了，共产党也是支持台湾同胞的，大陆学生也支持台湾同胞。大陆也反对国民党，何不一起反抗。听完，我思绪顿开。

　　台盟盟员郑励志（经谢雪红推荐入读华北军政大学的台籍青年之一，曾任上海市政协副主席）这样回忆20世纪60年代与谢雪红、杨克煌的一段交往：

　　1963年春夏之间，台盟总部通知我去开会。会上我与谢雪红同志邂逅了，我主动上前向她问候。她紧握我的手说，今天能见到你很高兴。十多年不见的谢雪红同志已经老多了。我到建国门外永安里一片红砖墙红瓦顶的居民住宅楼找到了谢雪红、杨克煌同志的住处。谢雪红同志亲自下了一碗卷子面，加两个鸡蛋（在那国家困难时期是珍品），无论如何要我吃下去。

　　这一年我回上海度暑假后9月返回北京，随即我带了一点上海的食品再度到永安里看望他们。这时杨克煌同志的身体稍好些，但仍躺在床上。这次他们的情绪也较好。两位老人反复问我他们认识的在上海的同志、朋友们的情况。我离开时彼此是那么依依不舍。我十分敬重谢雪红主席的革命生涯，从内心感谢她对我的帮助、教导和关怀。

　　台盟盟员黄幸说：

　　台湾民主自治同盟是谢雪红和他们那一代革命前辈，为我们从岛内来到大陆定居的台湾同胞定做的宝贵政治组织，它是对反对日本殖民统治、反对国民党退守台湾初期暴政的革命历史传统的继承和经验教训的总结。民族意识和祖国意识，爱国和爱乡情怀是革命前辈们的共同心声，也是他们历尽艰辛回到祖国大陆的强大动力，更是他们致力于祖国统一大业的精神支撑。对这一点，我们应很好领会。

现在我们祖国日益强大，中华民族振兴已指日可待。台盟作为中国共产党领导的参政党应该更有信心，坚持以"和平统一、一国两制"作为对台工作基本方针，认真落实中央对台工作各项方针政策，总结历史的经验教训，加强内部团结，进一步发挥乡情优势，做好台湾人民工作。

谢雪红一生的革命实践和政治轨迹，鲜明地表达了她对中国共产党的追求和信念，即使在那段艰难岁月里，她也从未放弃。她热爱祖国、热爱家乡，她反对外来侵略、反对"台湾独立"的立场鲜明、态度坚定。经历了十年"文化大革命"之后，台盟逐渐恢复工作，1979年10月，台盟召开第二次全盟代表大会，

★ 中国共产党历史展览馆展示的谢雪红文物

1983年召开第三次全盟代表大会，1987年召开第四次全盟代表大会，1992年召开第五次全盟代表大会，1997年召开第六次全盟代表大会，2002年召开第七次全盟代表大会，2007年召开第八次全盟代表大会，2012年召开第九次全盟代表大会。台盟和其他民主党派共同参政履职，民主监督，完善发展。在此，借用台盟中央主席苏辉在纪念台湾民主自治同盟成立71周年主题朗读会上的一段讲话，概括蔡啸等台籍爱国前辈开创台盟工作新局面的光荣历史和使命：

作为新一代台盟盟员，要在老一辈取得的成绩的基础上，继承和发扬台盟优良传统，在中国共产党的领导下，以习近平新时代中国特色社会主义思想为指导，自觉做中国共产党的好参谋、好帮手，继续书写台盟历史的新篇章，在多党合作事业中发挥更加积极的作用，为推进祖国和平统一进程、实现中华民族伟大复兴的中国梦作出新的更大的贡献。

附　录

《啊！谢雪红》自序

张克辉

　　台湾民主自治同盟的创建人之一、首任主席——谢雪红，是一位一生曲折、命途多舛的传奇性人物。多少年来，围绕她的争论一直纷纭不绝。一些老台胞建议我将她的故事写下来，纠偏以正，复史以实。就是在他们的督促、鼓励和支持下，我阅读了一些资料，其中包括《谢雪红自传》，台盟保存的有关资料，戴国辉、陈映真、蓝博洲、叶芸芸等学者、作家的著作、论述，《我的半生记》（谢雪红口述、杨克煌笔录）、《翁泽生传》（何池著）、《吴克泰回忆录》、《台共回忆录》（王万得口述记录）、《谢雪红评传》（陈芳明著）、《一个台湾人的轨迹》（杨国光著，日文版）、《未归的台共斗魂》（苏新著）、《台湾共产党秘史》（黄师樵著）、《我的一个世纪》（董竹君著）、《自传的小说》（李昂著，日文版）、《还原二二八》（杨渡总策划）、《我的回忆》（杨克煌撰稿）、《台中的风雷》（古瑞云著）、《台盟与二二八》（王晓波编）、《二二八事变第一主角谢雪红》（徐宗懋编）、《辛酸六十年》（上、下）（钟逸人著）、《日本共产党史》（日文版）、《自叙传》（日本河上肇著）以及周青、林东海、纪朝钦、李韶东、郑励志、郭炤烈等老台胞的回忆文章等文献资料，并开始动笔。

　　我与谢雪红都是台湾彰化街人。她比我大 27 岁。少年时代我听了不少有关她的传说，当时家乡人都把反抗日本殖民统治而坐牢的义士说成英雄，对谢雪红也不例外。

我与谢雪红只见过一次面，那是 1957 年秋天。当时她以全国人大代表的身份视察福建，会见居住在福州的一些台湾籍同胞。她问我是台湾什么地方人，何时到大陆，我如实回答。对谈一分钟左右，有人通知说福建党政军主要负责人叶飞将军前来看望，她就离开了。此后，我再也没有与她见过面。

她回到北京被错打成右派，1986 年中共中央给予平反的消息，我是在看报纸时才知道的，但因关系不大没有特别关心。

20 世纪 90 年代初，台湾民进党文宣部主任陈芳明花了十年时间写了厚厚的《谢雪红评传》，把我列入"反谢雪红派"，引起我的重视。

1991 年我任全国台联会长，两年后兼任台盟副主席、常务副主席。当时，台湾"台独"势力说"二二八"是"台独"运动的开端，领导武装斗争的谢雪红是"'台独'之母"。上面提到的陈芳明说"台盟、台联没有人敢写谢雪红"。台湾统派人士埋怨台盟、台联不敢反击，还说如果"台盟的创始人是'台独'人士，其后来人算什么？"我感到压力很大。我经蔡子民（时任台盟中央主席）同志的同意，组织台盟、台联的人来写谢雪红传，但没有成功。2003 年台盟宣传部组织一些老同志写回忆谢雪红的文章在《台盟》杂志上发表，但不能满足大家要求。后来，一些老同志建议我来写。大家说："如果你不写，后来人就不可能写，因为他们对谢雪红太不了解，加上她是有争议的人，怕吃力不讨好。"于是，我利用业余时间收集并阅读有关谢雪红的资料。我花了一年多的时间写成剧本初稿，并向同志们征求意见，再根据这些意见做了多次修改。

我感到剧本写作过程中最大的困难之一是谢的所谓历史问题。我反复看了1957 年 12 月 26 日一些全国性报纸刊载的《右派分子谢雪红罪行累累》的报道，其中最严重的指责有三点：一是"共产党的叛徒"问题；二是"贪污'二二八'人民捐献的台币十万元"问题；三是"'二二八'的逃兵"问题。

关于"共产党的叛徒"问题。1931 年谢雪红被日本统治者关押在台北监狱。根据已被捕的日本共产党领导人佐野和锅山贞亲的"转向"声明书，在牢中的日本共产党领导下的台湾共产党员也渴望保存力量，出狱后再斗争的情况下，谢雪红也写了"转向书"。对此，谢自悔"这是我一生中最大的污点"。王万得、苏新等人也都"转向"（后来从上海押送台湾的翁泽生没有"转向"）。连王万得都说在牢中表现很好的谢雪红一人被戴上叛徒的帽子是不公平的。在报纸刊登的报道中提到的所谓被出卖的杨春松的二儿子杨国光在《一个台湾人的轨迹》（日文版）书中写到，把谢雪红打成极右分子不久的1959年后半年的一天，杨春松给家人流露说："即使谢雪红有错也不应那样打击她。"杨国光还写到，谢是一位台湾出身的优秀的革命家。

关于"贪污'二二八'人民捐献的台币十万元"问题，时任"二七部队"队长的钟逸人在他的回忆录《辛酸六十年》一书中两次提到谢雪红于1947年3月9日傍晚曾交给他一张十万元支票，3月13日钟从埔里下山到台中，托其三叔请一名叫朱健的人去银行领取。从此他没有再与谢雪红接触。

关于"'二二八'的逃兵"问题。谢雪红离开埔里和台湾，是中共地下党通过谢富安排的。谢富安排谢雪红、杨克煌、李乔松撤离台湾。谢雪红、杨克煌通过海军上尉蔡懋棠从左营乘巡逻艇离开台湾。李乔松一时赶不上，另由其子李韶东护送到上海。谢富、蔡懋棠后来被捕牺牲，李韶东现居上海。

困难之二是"反右派斗争"和"文化大革命"写不写？谢雪红被斗争靠边站没有太多东西好写，翻老账没有意思，伤感情。"文化大革命"给中国造成深重灾难，我不愿把谢雪红在"反右派斗争"和"文化大革命"中的事重新翻出来，增加人们不愉快的回忆。

我对台盟内部的"反右派斗争"和"文化大革命"的情况完全不了解，也很少听到当时的情况。这时我想起十年前叶芸芸采访叶纪东时写的《我所认识的谢雪红》。我翻出这本小册子，叶纪东讲得很轻松："反右时反谢雪红是台盟内部自发的。""从政治上来评价她是不是该当右派呢？这就未必是恰当的。"叶纪东又说："'文革'对她基本上没有什么问题，'文革'造的是当权派的反，她已不在位，非当权派。"

我看了这些文字之后，决定不再写下去了。连被谢雪红伤害过的叶纪东都这样说，就不必再写下去了。一些同志赞成我的意见。但是，当我看到台湾作家写的剧本《红雪》和一张电脑合成的谢雪红与猪同住在猪栏的照片后，我改变了想法。我认为，如果我不写"反右派斗争"和"文化大革命"，台湾一些人还会造谣攻击我们。于是，我决心写下去。

我在动笔之前考虑，剧本应根据1986年中共中央决定把谢雪红的骨灰迁到八宝山仪式上发表的《谢雪红生平》为依据，并就此征求老同志的意见，他们一致同意。林江还多次来信希望剧本要如实反映谢雪红热爱祖国、热爱共产党的光辉形象。虽然，谢雪红在台共时期做过一些对不起林江父亲翁泽生的事情，但林江没有记仇，并公正指出谢雪红是全中国提出"收复台湾"口号的第一人。他的信给了我很大的鼓舞。

我认为，剧本要使人们了解我们的前辈们前仆后继、不怕牺牲、反对日本殖民主义统治、为台湾回到祖国进行不懈斗争的事实。当然，我也很难回避20世纪20年代共产国际的影响和当时中共内部的复杂情况，加上当时台湾是日本的殖民地，台共在日共与中共的共同领导下因步调不一致而出现的种种矛盾。经过七十年，中国共产党成熟了，我们台盟作为中国共产党领导的参政党只有以"和平统一、一国两制"作为基本方针，才能进一步发挥乡情优势，总结历史的经验教训，团结起来做好台湾人民工作。

剧本写作的过程中，我也了解到谢雪红由于青少年时期的悲惨生涯，形成独断独行的工作作风，听不得别人不同意见的个性缺陷，极易造成与他人之间的误解、矛盾甚至怨恨。尽管如此，谢雪红革命的一生，战斗的一生，坎坷的一生实难磨灭，我仍十分同情钦佩谢雪红，一个台湾贫苦家庭出身又没有上过多少学的女人，从"男人为主"的封建社会至时局动荡的年代走过复杂坎坷的六十九年人生，实在不容易呀！

最后，向为拙作提供资料并帮助修改的林江、田富达、周青、陈弘、黄幸、何标、纪朝钦、刘亦铭、郑坚、朱实、李韶东、郑励志、陈炳基、林东海、石四皓以及台盟中央宣传部同志的协助表示感谢。

一九一〇年：生于台湾漳化县。

一九一三年——一九一九年：因家贫被卖为童养媳，在台中养母家备受虐待，十八岁兆回王泉生家。

一九一九年——一九二〇年：回泉后，因筹赎身费被迫也悌某结婚，婚后知被骗为妾，力谋生活独立，一年后即脱离。

一九二〇年——一九二二年：在台中逢衣机公司学习，当职员及裁途教师。

★《谢雪红自述》资料

谢雪红大事年表

1901 年

⊙ 谢雪红，原名谢阿女，又叫谢飞英、谢斐英等。10 月 17 日，生于台湾彰化，祖籍福建泉州，父母都是勤劳的手工工人。

1913 年

⊙ 被卖作童养媳。

1919 年

⊙ 1 月，到台南帝国糖厂做女工，被甘蔗委员张树敏赎身为妾。后随张到日本神户。感受到日本左翼思想。

⊙ 4 月，第一次到祖国青岛，感受到革命的气息。

1923 年

⊙ 林献堂等人于 1921 年创办了"台湾文化协会"。这是一个左翼人士组成的反对日本殖民统治的进步组织。谢雪红在台中参加该会活动。

⊙ 4 月，谢雪红第一次来到上海、杭州。回台后，谢雪红参加"台湾文化协会"活动。这是她初次参加政治组织。她"开始学习许多新的知识，同时对祖国的革命有了强烈的向往"。

⊙ 6月17日，谢雪红参加了台湾人在上海召开的"耻政纪念日"集会，第一次在集会场合上发表演说。呼吁：台湾妇女也应该出来做事，参加社会活动。要台湾人得到幸福，台湾妇女也要参加。

1925 年

⊙ 谢雪红第二次来到上海。乘船途中，结识了进步青年林木顺、李友邦、郑泰聪等人。

⊙ 5—6月，参加五卅运动，受委派组织为支援上海罢工工人的基金募款活动。此间，率先提出反抗日本、"收回台湾"的口号，并加入中国社会主义青年团（中国共产主义青年团前身）。

⊙ 8月，谢雪红与翁泽生、林木顺进入上海大学社会学系学习。中共领导人瞿秋白任该系主任。

⊙ 9月，加入中国共产党，当时正值国共第一次合作，谢雪红同时也成为国民党党员。

⊙ 12月，谢雪红、林木顺等被上海大学推荐到莫斯科东方大学深造。在东方大学期间，分在日本班学习，与日本共产党领导人德田球一、佐野学、渡边政之辅、片山潜等来往密切。

1926—1927 年

⊙ 与林木顺在莫斯科东方大学学习。其间，谢雪红与向警予等革命先贤共同探讨革命运动理论。

⊙ 转入日本共产党。

1927 年

⊙ 11 月，莫斯科东方大学学习结束，带着共产国际及日本共产党组建台湾共产党的任务回到上海，着手联络台籍进步青年。

⊙ 12 月，与林木顺来到日本，在日共领导人渡边政之辅处制定筹建台共的政治纲领和组织纲领等文件。

1928 年

⊙ 1 月，谢雪红与林木顺从日本回到上海。

⊙ 4 月 13 日，在中共代表彭荣建议下召开"台湾共产主义者积极分子大会"作为台共建党的筹备会议，中共代表彭荣出席会议，林木顺、谢雪红、翁泽生、谢玉叶（翁泽生之妻）、陈来旺、林日高、潘钦信及三位"上海台湾读书会"积极分子张茂良、刘守鸿、杨金泉等十一人参加。

⊙ 4 月 15 日，台湾共产党（日本共产党台湾民族支部）宣告成立。

⊙ 中共代表彭荣、朝鲜共产党代表吕运亨，以及林木顺、谢雪红、翁泽生、陈来旺、林日高、潘钦信、张茂良、谢玉叶等人出席成立大会。林木顺在会上作了筹备建党经过情形的报告，他强调台共的成立对台湾的革命局势具有显著的意义。谢雪红当选为会议主席。翁泽生在会中宣读了他起草的《青年运动提纲》等。

⊙ 彭荣在致辞中分析了五四运动以来，特别是从国共联合到分裂阶段的中国无产阶级革命运动，告诫同志们要警惕对资产阶级的妥协。

⊙ 会议提出"推翻总督专制政治、推翻日本帝国主义"的口号。会议选举林木顺、林日高、蔡孝乾（缺席）、洪朝宗（缺席）、庄春火（缺席）为中央委员，谢雪红、翁泽生当选候补中央委员。林木顺当选为书记。翁泽生担任台共驻上海联络员，负责与中共联络事务。

⊙ 4月20日,台共中委再次开会,讨论台共建党宣言，草拟感谢中共所给予的协助信函，信函中强调台湾人对中共的支持及指导台共建党活动表示感谢，并希望未来能继续获得这种支持。

⊙ 4月26日，发生"上海读书会事件"。谢雪红被日本警察逮捕。

⊙ 5月，谢雪红被遣返台湾。

⊙ 6月，因证据不足，谢雪红被释放。林日高回到台湾联系谢雪红，在台中着手恢复党的活动。

⊙ 7月3日，谢雪红在台中文化协会总部召集左翼职业团体开会。农民组合、文化协会、台中总工会、吴工友会、台湾民众党领导人参加，准备成立"台湾解放运动团体台中协议会"。

⊙ 8月29日，谢雪红出席农民组合中央委员会，掌握对农民组合的领导权。

⊙ 11月，谢雪红、林日高、庄春火在台北召开台共中央会议，决定开设国际书局作掩护，继续从事反日活动。

⊙ 12 月 30 日，农民组合全岛大会召开，发表《大会宣言》。谢雪红参与农民组合活动。

1929 年

⊙ 2 月，在台北开办"国际书局"。传播革命思想，联络革命同志，联系进步人士，扩大台共组织。并深入矿山、铁路、工厂从事组织工作，加强对农民组合、文化协会领导。

1930 年

⊙ 10 月，谢雪红主持台共"松山会议"，讨论研究工作方针，制定今后工作重点。

1931 年

⊙ 5 月，台共二大召开。

⊙ 6 月 26 日，谢雪红、杨克煌等人被日警逮捕。

1934 年

⊙ 11 月 30 日，日本法庭宣判，谢雪红被判处 13 年徒刑。其他台共成员 49 人也分别被判刑。

1939 年

⊙ 4 月 7 日，谢雪红因重度肺病，获保释出狱。

⊙ 9 月 1 日，与杨克煌等经营"三美堂"百货店。

经营大华酒家，继续从事秘密抗日活动。

1941 年

⊙ 谢阿女（谢雪红）等成立拖鞋加工厂，改名为山根美子。

1945 年

⊙ 8 月，抗日战争胜利后，谢雪红等联络台共成员，恢复政治活动，发动青年维护社会治安。

⊙ 9 月，谢雪红、杨克煌等组织成立台湾人民协会筹备会，担任中央委员。

⊙ 9 月 20 日，谢雪红联络文化协会成员、农民组合成员在台中女中正式成立"台湾人民协会"，提出"保障人民自由""实施八小时工作制"等主张，发行《人民公报》。

⊙ 10 月 20 日，台湾人民总工会筹备会成立；台湾农民协会成立。

⊙ 10 月 25 日，台湾光复，结束日本统治 50 年，回到祖国怀抱。

⊙ 11 月 17 日，国民党当局颁布法令，强令各人民团体停止活动。

1946 年

⊙ 1 月 5 日，谢雪红与台中人民协会成员商议后，决定成立"中国共产党台湾省委员会筹备会"，但不成立领导机构，谢雪红负责与中共方面及在台各成员联系。

⊙ 1 月 10 日，人民协会被迫解散。

⊙ 8 月，谢雪红资助出版经费，筹备创办《新知识》刊物。

1947 年

⊙ 2 月 27 日，因台北烟草专卖局缉私警察殴打女烟贩，引起在场围观民众的愤慨，与警察发生冲突，导致人员伤亡。

⊙ 28 日，台北市民结队请愿，要求惩治凶手，结果遭到军警镇压，由此引发了全岛民众反对国民党当局的专制统治、要求民主自治的运动，史称"二二八"起义。

⊙ 3 月 2 日，台湾中部地区的各界代表与民众齐聚台中戏院，召开市民大会。大会一致推选谢雪红为主席。

⊙ 谢雪红宣告成立人民政府，并发表安民布告，函告报社发刊号外，提出保障人民言论集会自由，呼吁"共同努力，建设台湾"，要求市民"不带枪的不要打，不抵抗的不要打"。成立人民政府的目标在于确立自治政府的基础，使台湾自治真正得以实现。

⊙ 3 月 3 日，谢雪红着手成立"台中地区治安委员会作战本部"，指挥武装青年对蒋军作战。中部各地纷纷派人支持。

⊙ 3月6日，谢雪红组织"二七部队"，夺取和控制了台中地区局势，打击了国民党的进攻。

⊙ 3月9日，国民党军队援军登陆。

⊙ 3月12日，台中市民传闻援军将抵，情绪恐慌，秩序更加混乱。"二七部队"虽陷于留在台中市郊与国民党军决战或退入山中抗战的讨论未决，但"全员斗志甚是坚强"。

⊙ "二七部队"决定撤退。撤退途中，沿路民众纷纷相送，鼓励起义队伍继续战斗。

⊙ 3月15日，"二七部队"与围攻埔里的国民党军交战。虽兵力相差悬殊，但因占据较好地势，击退敌军，士气高昂。此后，"二七部队"又数次狙击敌人。但终因双方力量悬殊，武器无法补给，亦失去与友军的联络，决定化整为零，退到小梅，参加地方游击战斗。据称，这支部队坚持作战达两个月之久。

⊙ 3月8日，中共中央在延安发表《台湾自治运动》对台广播，支持台湾人民"二二八"起义。

⊙ 3月20日、22日又分别在《解放日报》《人民日报》以社论形式发表《台湾自治运动》广播稿。

⊙ 4月底，根据中共台工委指示，谢雪红等由高雄左营军港，逃脱敌人的重重搜捕，离开台湾抵达厦门，继而辗转来到上海，取得了旅沪同乡会会长李伟光的帮助并与中共地下组织取得了联系。

⊙ 6月，谢雪红在中共地下党帮助下，与杨克煌等辗转来到香港，在香港组办台湾研究会。

⊙ 7月，经中共有关部门批准，谢雪红重新入党。

⊙ 8月25日，新加坡《南侨日报》上发表了《台湾事变女英雄谢雪红告同胞书》，强烈谴责国民党当局对人民的屠杀政策。

⊙ 9月，创办新台湾出版社，着手出版《新台湾丛刊宣传专刊》，筹组台湾民主自治同盟。

⊙ 《新台湾丛刊》一共出版六辑，包括1947年9月25日出版的第一辑《新台湾》；1947年11月1日出版的第二辑《胜利割台湾》；1947年12月1日出版的第三辑《明天的台湾》；1948年1月1日出版的第四辑《自治与正统》；1948年2月28日出版的第五辑《台湾二月革命》；1948年5月1日出版的第六辑《台湾人民的出路》。

⊙ 11月12日，中国革命先行者孙中山先生诞辰纪念日，谢雪红、杨克煌、苏新等人在香港正式成立了"台湾民主自治同盟"，确定了《台湾民主自治同盟纲领草案》，制定了《台湾民主自治同盟规程草案》，并发布了《台湾民主自治同盟筹备会时局口号》《台湾民主自治同盟筹备会第一次会员代表会文告》等相关文件。

1948年

⊙ 2月28日，台盟为纪念"二二八"一周年，在《华商报》刊出《台湾二月革命》（特辑），纪念"二二八"

起义，得到各界响应。

⊙ 4月30日，中共发出"五一"号召。

⊙ 5月7日，台盟发表《告台湾同胞书》，响应"五一"号召。文中指出，"中共发表的这个号召，不仅切合全国人民目前的要求，也正切合台湾全体人民的愿望"。

⊙ 5月22日，香港《华商报》也刊载了台盟响应中共"五一口号"的《告台湾同胞书》。

⊙ 6月，谢雪红参加台晥、中共台湾工委、上海台湾同乡会的协调会议。会议商定由谢雪红作为台湾人民的代表出席新政协的筹备会。

⊙ 7月4日，台盟在香港举行响应"五一口号"座谈会，邀请在香港的各界人士参加，出席者一致拥护"五一口号"。

⊙ 7月12日，台盟正式宣布成立领导机构，谢雪红担任主席，杨克煌、苏新为理事。

⊙ 10月25日，台盟发表《台湾耻政三周年告同胞书》，提出打倒帝国主义，彻底消灭国民党政权。

⊙ 11月，辽沈战役结束，台盟发电报向毛泽东、朱德祝贺。

1949 年

⊙ 1月17日，台湾民主自治同盟发表声明，吁请全国人民勿容外力割裂国土。"全国人民决不容许美帝国主义的侵略，并反对任何对中国的干涉。台湾人民呼吁全国人民，为建立一个独立富强的新中国，设若美帝以任何借口要控制中国国土的任何一个地方，尤其是台湾，中国人民必须不惜任何牺牲向它作战到底。"

⊙ 2月24日，台盟宣布，"本同盟理事会这次特派本同盟谢雪红同志赴华北解放区，向新政治协商会议陈述台湾人民的斗争情况。谢同志将代表六百五十万省民，向新政治协商会议提出关于处理台湾问题的意见。"

⊙ 3月，台盟总部由香港迁到北平。

⊙ 4月，谢雪红来到北平后，参加全国妇女联合会大会，当选执行委员。

⊙ 5月4日，中华全国青年第一次代表大会在北平召开，参加大会的台湾代表有谢雪红、杨克煌、林良材、苏新、丁光辉、吴克泰、叶纪东、甘莹、张砚、江东山、邱正义、周之辛、林三良、高纯真等。谢雪红当选副主席。

⊙ 6月，谢雪红以中国新民主主义青年团副主席的身份参加在中南海召开的中国人民政治协商会议的筹备会。

⊙ 谢雪红代表台盟发表《处理台湾问题意见书》。重申台湾革命是中国革命的一部分，必须实行反帝、反封建、反官僚资本主义的新民主主义革命，并提出5条意见。

⊙ 6月14日，谢雪红就美帝国主义并吞台湾的阴谋活动发表谈话，强调"有史以来，台湾就是中国领土的一部分"，谴责美帝侵略台湾的行径。

⊙ 7月16日，谢雪红参加"中苏友好协会筹备会"，后被选为中苏友协理事。

⊙ 9月4日，《人民日报》头版刊发消息称，"台湾民主自治同盟主席谢雪红声明反对美帝侵我台湾阴谋 全台人民正以欢欣心情迎接解放"。在这篇声明里，谢雪红严词抨击美帝、国民党，以及受美国策动的"台独"主张者廖文毅。

⊙ 9月7日，周恩来在政协筹备会上作了《关于人民政协的几个问题》的报告，其中在"关于台盟加入新政协说明"中，他说："台盟是一个革命的组织，'五一'前就从事台湾人民的解放运动。"

⊙ 9月21日，中国人民政治协商会议召开。台盟作为新政协的一个单位，代表五人，候补代表一人。谢雪红作为台盟首席代表，入选了大会主席团。其他代表为李伟光、田富达（高山族）、杨克煌、王天强、林铿生（候补）。

⊙ 9月23日，谢雪红在新政协大会发言中总结了台湾人民反侵略反压迫斗争的经验，表明台湾人民的斗争是中国全国斗争的一部分。新政协通过了《中国人民政治协商会议共同纲领》《中央人民政府组织法》等文件。9月27日，田富达代表台湾高山族也在大会上发言。

⊙ 9月30日，台盟首席代表谢雪红当选中国人民政治协商会议第一届全国委员会委员。同时台盟界别当选委员的还有中共台湾省工作委员会书记蔡孝乾（台籍，当时在台湾）。

⊙ 10月1日，中华人民共和国成立，谢雪红等台盟的政协代表参加了开国大典和人民英雄纪念碑的奠基仪式。

⊙ 10月，台盟总部决定以参加第一届政协大会的代表为主要成员成立理事会，谢雪红为主席，杨克煌、李伟光、王天强、田富达、林铿生、郭炤烈（非一届政协代表）为理事，杨克煌为秘书长。考虑到台湾省隶属于当时的华东军政委员会管辖，为便于开展对台工作，同年11月总部决定在上海正式成立总部机关并开始办公。在北京另设驻京办事处，由林铿生任主任，郭炤烈为副主任。

⊙ 11月1日，台盟总部主席谢雪红陪同朱德总司令到华北军大看望台湾队学员。

⊙ 12月，中华人民共和国中央人民政府任命谢雪红为华东军政委员会委员。

1950 年

⊙ 1月6日，谢雪红在上海发表谈话，驳斥美蒋秘密协议的做法，表示解放台湾一定要实现。

⊙ 1月，第一次华东军政委员会全体会议召开。谢雪红委员在会上呼吁：台湾是一定要解放的，台湾人民是一定要大翻身的。台湾是我们中华人民共和国的领土，决不允许中外反动派继续在那里有

立足的余地。她号召台湾人民加紧动员起来，坚决展开反对美蒋反动派的各方面的斗争，为争取台湾人民的解放而奋斗到底。

⊙ 2月27日，谢雪红代表台盟总部在台湾人民"二二八"起义三周年纪念集会上发表《告台湾同胞书》，号召全体台湾人民响应中共解放台湾的行动，准备一切反抗力量推翻国民党统治。

⊙ 2月28日，首都各界隆重集会，纪念台湾人民"二二八"起义三周年。朱德总司令发表讲话：台湾人民的任务就是继续发扬"二二八"的革命精神，积蓄力量，完成台湾的解放。同时，谢雪红、蔡啸等在沪台胞及各界召开红色"二二八"起义三周年座谈会。

⊙ 6月，谢雪红出席全国政协一届二次会议，提出《关于保障台湾人民生命财产建议案》。

⊙ 9月，中国共产党作出"抗美援朝，保家卫国"号召。谢雪红作为中国人民抗美援朝总会理事发表谈话，强烈谴责美帝国主义的战争罪行。

⊙ 6月30日，《人民日报》刊载台盟主席谢雪红谈话，"要求全国同胞奋起制止美帝侵略台湾"。谈话说：台湾同胞应该一齐奋起，起来响应周总理的号召，以我们人民的力量来制止"美国帝国主义在东方的新侵略"，以人民的力量来保证"台湾属于中国"这个"永远不能改变"的事实。

⊙ 9月18日，《人民日报》发表台盟主席谢雪红文章《台湾是中国的领土，决不容美国侵略者染指》。

文章说：台湾省人民进行了长期壮烈的斗争，发扬了中华民族英勇不屈的优秀传统和强烈的爱国主义精神。台湾是中国的领土，台湾人民是中国的人民。我们台湾人民自始至终要求重归祖国怀抱，和祖国同胞共同生活，反对任何人为的分离，这是铁一般的事实，绝不是任何人所能否认的，也不是任何力量所能改变的。尤其在今天祖国大陆已基本上解放，祖国人民已有了自己的政权和开始享受美好生活的时候，台湾省人民返回祖国的愿望即更加迫切，意志亦更加坚决，绝不是像杜鲁门之类的谎言与威胁所能歪曲或阻止得了的。

⊙ 11月4日，台盟加入签署《各民主党派联合宣言》，完全支持中国政府抗美援朝的立场。

1953 年

⊙ 1月，中央人民政府任命谢雪红为华东行政委员会委员。

1954 年

⊙ 谢雪红积极参加新中国成立初期的各项政治活动。元月，台盟根据新形势，总部开会决定整顿机构，暂停组织发展工作。

⊙ 9月15日，中华人民共和国第一届全国人民代表大会第一次会议在北京召开。会议通过了《中华人民共和国宪法》，谢雪红被选为人大代表参加了这次会议。会后被选为全国人大法律委员会委员。台湾省籍当选一届一次会议的代表有谢雪红、

田富达（在福建团）、李纯青（在天津团）。

⊙ 9月19日，《人民日报》发表台盟总部主席、全国人大代表谢雪红在一届人大会议上的发言，谢雪红在发言中呼吁：台湾人民除了自身团结一致与黑暗势力进行不断的斗争而外，尤其渴望祖国把他们从水深火热中拯救出来，迫切希望同祖国大陆上的同胞一起，来过幸福的生活，共同建设繁荣富强的祖国。台湾同胞，不辞任何牺牲，誓和祖国同胞一道，团结任何可以团结的人，为解放台湾、消灭蒋介石卖国集团而奋斗到底。

⊙ 9月，全国人大法案委员会成立，谢雪红为该委会委员。

⊙ 10月14日，《人民日报》发表台盟主席谢雪红谈话，她表示：我们台湾民主自治同盟的成员一定要和全国人民一道为把祖国建设成为一个伟大的社会主义国家，为解放台湾，为贯彻执行中苏两国政府的各项联合宣言和联合公报而坚决奋斗！

1955 年

⊙ 10月24日，台盟总部举行在京盟员座谈会，纪念台湾光复10周年。会议由台盟主席谢雪红主持，台盟副主席李纯青在会上作了报告。大家一致表示：要努力工作，积极参加祖国的社会主义建设，为拯救生活在水深火热中的台湾同胞而奋斗到底。参加座谈会的人都充满着坚强的信心，认为台湾一定要解放，台湾同胞一定会回到祖国的大家庭中来。

⊙ 1954 年 4 月，因华东行政区撤销，谢雪红与台盟总部迁至北京。

1956 年

⊙ 11 月 4 日，《人民日报》发表谢雪红讲话，她说：台湾人民和祖国人民一致，反对英法侵略埃及，支持埃及抵抗侵略的正义战争。英法帝国主义已经是老牌帝国主义，它们的罪恶天下皆知。台湾人民熟识帝国主义的面貌，我们知道它的丑恶、可憎和可恨。我们要和帝国主义作斗争。

⊙ 12 月，全国人大代表陈嘉庚先生邀请台盟主席谢雪红等赴福建集美考察。

1957 年

⊙ 2 月 28 日，《人民日报》发表台盟主席谢雪红文章，《回忆"二二八"起义》，纪念台湾人民"二二八"起义 10 周年。文章说：当台湾人民听到"中华人民共和国各民主党派、各人民团体为解放台湾联合宣言"，以及毛泽东主席、周恩来总理等屡次对台湾人民召唤的时候，是多么感动和高兴呀！祖国亲人的呼声，对台湾人民疾苦的关照，像在眼前已经出现了五星红旗，台湾人民是这样殷切地等待着解放。

⊙ 5 月 30 日，台盟总部与台盟北京支部举行声援台湾同胞 5 月 24 日反美爱国斗争座谈会。台盟主席谢雪红发表讲话，她说：台湾人民总不会屈服的，他们不把侵略者赶出去决不罢休。

⊙ 8月，台盟宣布在盟内整风。

⊙ 11月10日—12月8日，谢雪红受到盟内人士批判。

1958年

⊙ 1月14—25日，台盟召开盟员代表会议，宣布谢雪红为右派分子，决定撤销谢雪红台盟主席职务、杨克煌理事职务，保留谢雪红理事职务。

1970年

⊙ 夏，谢雪红病情恶化（患肺癌），被送到北京隆福医院。

⊙ 11月5日，谢雪红在京逝世，享年69岁。

⊙ 谢雪红将自己一生总结为：一、我不是右派，是共产党员；二、我拥护共产党，拥护社会主义；三、我犯过错误。

1973年

⊙ 4月，中共中央统战部向中共中央有关领导呈报《关于处理谢雪红问题的请示》，提出摘掉谢雪红右派分子的帽子；将谢雪红的骨灰移至八宝山革命公墓骨灰堂第五室。

1978年

⊙ 4月，经中共中央统战部请示中共中央，摘掉错划的包括谢雪红等民主党派20余人的右派分子的

帽子（见《人民日报》1980 年 8 月 7 日第二版《前
台盟主席谢雪红的错划右派已改正》）。

1986 年

⊙ 9 月 15 日，台盟总部在北京举行仪式，将谢雪红
骨灰由人民公墓移到八宝山革命公墓。中央统战
部部长阎明复、全国人大常委会秘书长王汉斌出
席仪式，统战部副部长武连元介绍了谢雪红的生
平，充分肯定了谢雪红反抗外来侵略、争取实现
国家统一的一生。

2021 年

⊙ 2021 年 11 月 12 日，纪念台盟成立 74 周年暨谢
雪红同志诞辰 120 周年座谈会在台盟中央机关西
区礼堂召开。全国政协副主席、台盟中央主席苏
辉出席并讲话。苏辉指出，作为台盟的首任主席，
谢雪红在创建台盟、发展台盟上所作的突出贡献
将永载台盟史册，永载中国多党合作史册。她的
历史贡献，永远值得我们铭记；她的坚定信念，
永远值得我们学习；她的革命精神，始终鼓舞我
们奋勇前行。

人民解放军台籍战士告台湾同胞书

我军中六百余台湾战士响应台湾自治运动

【本报冀鲁豫前线　二十四日电】人民解放军中之台湾战士六百余人，为响应台湾人民自治运动，顷发表告台湾同胞书，原文如下：

台湾父老兄弟姊妹们！我们都是台湾台北县和新竹县的工人、农民和学生，去年被穷凶极恶的蒋介石抓来当兵，强迫我们进攻华北解放区，因为知道蒋介石是人民的公敌，我们很快就放下武器，参加了人民解放军，为祖国的独立民主自由和平而战。

我们台湾刚从日寇五十年的奴役下解放出来，而蒋介石却带给我们比日寇更残酷的压榨和更黑暗的统治，又将我们美丽富饶的家乡，出卖给美帝国主义。蒋美的狞狰面目，已为我全体台胞所认识了。我们虽然被蒋介石用各种残毒手段胁迫，离弃家园，但我们没有一刻忘记过在蒋美欺压下的……当我们听到你们武装起义的消息，我们是多么的感动和振奋！我们誓与蒋介石卖国贼作殊死战，以支援、配合你们。当你们擎起自卫枪支与敌人喋血的时候，知道了你们的子弟却正在爱国自卫战争前线上和我们同时的敌人搏斗的时候，你们将是多么的快慰和奋勇百倍啊！

父老兄弟姊妹们！我们虽不在一个战场上作战，但我们的枪口是向着一个敌人——蒋介石发射，我们的奋斗目标都是一个——解放祖国、解放台湾，我们的胜利就是家里的胜利；同样的，家里的胜利也就是我们的胜利。我们必须把战争坚持到最后，直到结束蒋介石独裁卖国的血腥统治。

中国人民解放万岁！

台湾自治运动万岁！

林振和、林祖水、谢镯台、常甘、林宁南、杨金福、刘杨白、黄金春、陈沈永、巫金水、邱樽吉、朱自旺、万元、刘金荣、刘政荣、林锦板、陈茂堂、廖远敏、田秀林、彭二志、徐荣彩、吴林生、彭望益等六百余人。三月二十日。

（原载 1947 年 3 月 26 日《人民日报》第一版）

台湾民主自治同盟号召台湾同胞响应"五一口号"

坚持反蒋反美争取解放

【本报特讯　台北十日航讯】代表真正台湾人民利益，在台坚持反蒋反美斗争的台湾民主自治同盟，为号召台胞，响应中共"五一口号"，发表告台湾同胞书如下：

全体台湾同胞们！

中共中央最近发表纪念"五一"劳动节口号，其中第五条说："各民主党派、各人民团体、各社会贤达，迅速召开政治协商会议，讨论并实现召集人民大会，成立民主联合政府！"这个号召已引起全国各民主党派、各人民团体以及海外侨胞的绝大响应，纷纷通电拥护并希望由中共召集。

目前中国新形势，大家都看得很清楚，一方面，反动政府更加紧卖国，更疯狂压迫人民，以图挽救其灭亡的命运；另一方面，人民解放军的全国胜利，已经定局，解放区已占全国土地的一大半，且已打成一片，日加巩固。全国人民都已厌弃反动政权，而期待其早日结束，筹建民主联合政府的时机，已经成熟了。

在这时候，中共中央发表了这个号召，正切合全国人民目前的要求，也正切合台湾全体人民的愿望，无论任何政府的产生，必须建筑在全国人民的共同意旨上，即必须能够真正代表全国人民的利益，南京政府之所以"非法"是因为它代表四大家族和少数官僚集团的利益，而不是代表全国人民的利益。中共中央这次提出了"召开政治协商会议，讨论并实现召集人民代表大会，成立民主联合政府"，这样的政府才是一个真正合法的中国政府，真正代表人民利益的政府。

全体台湾同胞们！目前台湾的形势，大家也应该看得很清楚：自从台湾收复以后，以陈仪为首的贪污集团，不顾台湾人民的利益，实行劫收政策，造成了台湾人民空前的穷困，在这种情形下，发生了"二二八"民变，但这个民变却被野蛮的屠杀镇压下去，牺牲了一万多人。魏道明到后，还继续着陈仪的劫收和屠杀政策，一切民族工商业家，都已陷于破产的状态，大多数人民已无法活下去，逮捕、暗杀不断地发生，台湾人民正在穷困和恐怖之下呻吟着。

一方面反动政府已把台湾一切主权卖给美帝，美帝的海空军已控制了台湾一切港口和机场，美帝的资本已支配台湾所有的重要企业。美帝国主义者又为了准备反动政权垮台后侵占台湾之计，拉拢少数亲美分子，阴谋"台湾分离运动"，以"反蒋不反美"为目标，来分裂中国民族统一战线，制造台湾民主阵营的混乱状态，台湾的手脚正被国内外强盗捆绑得弹动不得，而且连喉管都被扰住了。在这种情形之下，我们不但要反蒋，更加要反对美帝的侵略，"反蒋不反美"这不但不能解放台湾，反而促进台湾成为美帝的殖民地。

同胞们！赶快起来响应和拥护中共中央的号召，配合全国人民的革命战争，广泛地展开反对美帝国主义，反对封建主义，反对官僚资本主义，反对台湾分离运动的各种斗争，准备参加"政协会议"、"人民代表大会"和"民主联合政府"，这样，台湾人民才能从美蒋联合统治的痛苦中解放出来！

台湾民主自治同盟

一九四八年五月七日

（原载 1948 年 5 月 22 日香港《华商报》）

台盟向新政协提出处理台湾问题意见

台湾未解放前不停止军事进攻，绝不许外帝干涉
解放后即建各级人民会议
台盟代表谢雪红安抵解放区

为了防止台湾人民在"二二八"民变二周年纪念日发动大规模的斗争，伪省政府特定廿六、廿七两日，实施全省戒严，动员十万人员总检查户口，军警宪及一切特务分子正待出动。这是一种武装示威，镇压暴动的演习。当此人心惶惶不安之际，"台湾民主自治同盟"总部突于廿四日发表该同盟已派谢雪红女士为代表赴华北解放区，同时号召台湾省民起来推翻反动派在台湾的统治而斗争。其布告文如下：

台湾民主自治同盟总部二月廿四日公布：本同盟理事会这次特派本同盟理事谢雪红同志赴华北解放区，向新政治协商会议陈述台湾人民斗争近况，于一月××日已抵达目的地。谢同志将代表六百五十万省民，向新政治协商会议提出关于处理台湾问题的意见。谢同志于出发时坚决表示：为反对美帝的侵略，推翻蒋政权在台的统治，争取省民的民主自治奋斗到底。本同盟希望本省全体同胞一致拥护谢同志为国家民族奋斗，促进本省及早解放，以达成本省人民的要求。

据悉："台盟"将向"新政协"提出的"关于处理台湾问题的意见"大意如下：

（一）台湾革命是中国革命的一部分，即必须实行反帝、反封建、反官僚资本的新民主主义革命。

（二）台湾是中国一行省，台湾未得到解放以前，不能称为"全国胜利"，不得停止军事进攻，同时也不容许任何外国帝国主义干涉台湾问题。

（三）台湾解放后，应立即建立各级人民代表会，实行民主自治，省县市长一律由人民直接选举。本省居住民不分省籍党派、性别。除由法律剥夺或停止公权者外，均享有选举权及被选举权。各级人民代表会对于各级人民政府之官吏以及其他公教人员的任免，保有最后决定权。

（四）从日本政府接收之敌产——公私企业，银行、房地产，要归国有或省有，应重新调整本省人民代表会保有此项决定权。

（五）居住本省之弱小种族（高山族）享有平等之权利，不受任何差别歧视；各种族得在现住地域建立各自治单位。

二月廿四日寄自台北

（原载 1949 年 2 月 26 日香港《华商报》）

注：该文共七条，此文为《华商报》采用稿。

留平台湾人士发表告全国同胞书

　　【新华社北平一日电（甲）】留平台湾同胞于二十八日下午二时，在北平艺术专科学校大礼堂举行"二二八"革命二周年纪念大会。中共北平市委宣传部长赵毅敏及来平民主人士陈其瑗、章乃器、田汉、安娥等出席讲话。大会通过向中国共产党毛主席、中国人民解放军朱总司令及全体指战员致敬电，并发表告全国同胞书称：国民党的残余势力，为要维持他们的反动统治，正在卑鄙的和美帝国主义订立密约，企图将台湾出卖给美帝国主义，变台湾为美帝国主义的殖民地。现在台湾工人每天一人只能赚到一斤米，台湾农民除了自己吃的米以外全部都得交出来，好让反动派去练兵屠杀人民。我们要粉碎国民党反动派的最后堡垒的反动统治，只有在中国共产党的领导及中国人民解放军的伟大胜利之下，台湾才会得到解放，台湾人民才能得到真正的民主与自由。

（原载新华社 1949 年 3 月 1 日电文）

谢雪红谈话　痛斥美帝对台野心

她说中国领土不许人分割，台湾解放的日子已经不远

【北平新华电台十三日广播】台湾民主自治同盟主席谢雪红，顷就美国帝国主义积极进行吞并台湾的阴谋活动，发表谈话说："美国反动派因为看见在大陆上的国民党反动政权即将全部被推翻，正力图夺取中国的神圣领土台湾省，作为将来侵略中国大陆的基地。自日本投降以后，美国帝国主义除了通过国民党卖国政府之手，取得在台湾的军事的和经济的侵略特权以外，并会不断地嗾使几个台湾籍的民族败类，发出台湾'独立'的叫喊，妄想把台湾变成它的殖民地。最近美帝国主义又勾结英国策动建立一条以台湾为关键据点的所谓'亚洲反共隔断线'，美帝国主义者侵略台湾的狰狞面目，是更加暴露无遗了。但是美国侵略者的这个阴谋，一定将被中国人民所粉碎，正像日本侵略者的所谓'大东亚共荣圈'会被粉碎一样。"谢雪红痛斥所谓台湾地位尚未确定的谎言，她说："有史以来，台湾就是中国领土的一部分，台湾人民也是中华民族的一部分，收复台湾曾经是中国人民多年来反对日本帝国主义的斗争的重要目的之一，中国人民有权收回被侵占的领土。台湾回归祖国版图是理所当然的，而且《开罗宣言》和《波兹坦宣言》都有明文规定。所谓在对日和约未签订以前，台湾的地位尚未确定，不过是侵略者卑鄙的谎言而已。我们要警告妄想吞并台湾的帝国主义分子，谁要想用武力来侵占台湾，来奴役台湾人民，中国人民必将用对付日本侵略者的方法去对付他们。"谢雪红说："台湾人民的愿望和美国所收买的那些民族败类叫嚣的完全相反，台湾人民五十年来前仆后继的流血斗争，其目的就是要摆脱日寇的奴役，重回祖国的怀抱。台湾人民目前的革命目标是推翻美帝走狗国民党的反动统治，

废除美帝国主义在台湾的一切侵略特权，在统一的中华人民民主共和国的大家庭中，实现台湾人民的地方民主自治，建设新民主主义的新台湾。台湾人民将要全力协助中国人民解放军解放台湾，由于中国大陆就要全部解放，台湾解放的日子已经不远了。"

（原载 1949 年 6 月 14 日香港《华商报》）

台湾民主自治同盟华北总支部召开盟员大会

大会电中共中央庆祝"七一"

台湾民主自治同盟华北总支部七月三日在北平召开了临时大会，这是该盟华北总支部在中华人民共和国成立后第一次的盛大集会。会上，郭炤烈报告了该盟的性质及政治主张，指出：今后的任务是帮助台湾早日解放，和为台湾的新建设而努力。目前的任务则是：（一）参加新政协的工作。（二）提出台湾人民的要求，打击美帝殖民地化的阴谋，孤立那些分离运动的卖国贼。（三）加紧学习，积极工作，培养干部，扩大组织，准备参加解放台湾。继由汪白、林汉民等分别报告了该盟支部成立直至解放台湾的工作。会议一致通过拥护中共中央的"七七"口号（即中共中央为纪念"七七"抗战发布对时局口号——编者注），决议今后要为完成下列任务而奋斗：（一）建立坚强的领导机构。（二）加紧学习，准备解放台湾。（三）扩大组织，争取更多的盟员，建立华北区内的分支部。（四）加强对妇女工作的注意。会议并通过了庆祝"七一"致中国共产党中央委员会的贺电，华北总支部组织规程及选出了总支委的七位委员和三位候补委员。

大会贺电如下：

中国共产党中央委员会诸位先生：

当此人民解放战争接近全面胜利的今天，我们以无比兴奋的心情庆祝"七一"二十八周年纪念日。

贵党诞生以来，领导了中国革命的进行，经过了二十八年的艰巨奋斗，推动中国向光明的新民主主义社会前进。我们深感到没有中国共产党就不可能有独立、自由、和平、统一、富强的新中国！现在人民公敌国民党反动派潜逃到台湾，企图保存残余力量来做最后的挣扎。但钢铁的中国人民力量已强大并将彻底消灭反动力量。台湾人民愿在共产党领导下为解放台湾而奋斗！

人民领袖毛主席万岁！

中国共产党万岁！

人民解放军万岁！

台湾民主自治同盟

七月三日

（原载 1949 年 7 月 5 日《人民日报》第一版）

台湾民主自治同盟主席谢雪红
发表声明斥美国吞并台湾阴谋

【新华社北平三日电】台湾民主自治同盟主席谢雪红今日对美帝国主义企图吞并台湾的阴谋活动发表声明说：我代表全台六百七十万人民声明，坚决反对美帝国主义企图吞并台湾的阴谋。已经饱受了日本侵略者五十一年奴役和国民党匪帮四年多蹂躏的台湾人民，决不再让美帝国主义来奴役他们。今天中国人民即将取得全国胜利，中国大陆即将完全解放，台湾解放的日子已为期不远了，全台人民都以欢欣的心情等待着这个日子的到来。美帝国主义要想阻挠和破坏台湾的解放，那是徒然的。任何侵略台湾的阴谋，必将遭受台湾人民和全国人民的坚决打击。今天中国人民已有力量粉碎美帝国主义的任何侵略阴谋。

谢雪红揭露美帝国主义侵略台湾的历史说：美帝国主义对台湾的侵略，已有近百年的历史了。一八七四年美国曾出兵协助日本进攻台湾，以军火、船舰供应日本军队屠杀台湾人民。一八五七年，美国驻香港海军舰队司令亚门司龙曾企图在台湾建立一个殖民地式的"独立国"。一八九五年在《马关条约》谈判中，美国政府又支持日本割让台湾的要求。日本投降以后，美帝国主义更处心积虑，想取日本在台湾的地位而代之。美帝国主义一方面勾结国民党匪帮取得了台湾的海空军基地，控制了台湾的工矿事业和经济命脉，使台湾人民过着痛苦的生活；另一方面，它积极策动台湾一小撮败类如廖文毅之流进行所谓"台湾独立"运动的阴谋活动，以便进一步将台湾变为美国殖民地。但由于台湾人民和中国人民早已洞烛其奸，廖文毅这一小撮民族败类的活动并未产生如其美国主子所希望的结果。最近由于中国革命战争的迅速发展，人民解放军解放台湾的时间一天天逼近，美国帝国主义者越发着急了，就公开发出"占领台湾"的叫嚣来。各方消息盛传美国政府已向国民党广州政府发出照会，说它要"接管台湾作为太平洋美国占领区的一部分"。我们不知道美国政府凭什么权利竟敢作侵占中国领土台湾的痴心妄想。

谢雪红肯定地说：美帝国主义侵占台湾的阴谋一定要失败的。台湾人民三百年来就不断地与侵略者进行着斗争，现在人民解放军正向华南进军，并已解放了福州，台湾的解放是不久了。台湾人民将与全国人民和人民解放军在一起，坚决肃清台湾的国民党匪帮残余并驱逐美帝国主义的侵略势力，为建设人民民主的新台湾和新中国而努力。

（原载 1949 年 9 月 3 日新华社电文）

台盟总部纪念台湾人民"二二八"起义三周年告台湾同胞书

亲爱的台湾同胞们：

今天是我们全台湾省人民一致起来反抗国民党反动政权在台湾统治的"二二八"三周年纪念日。中国人民经过八年抗战获得胜利，才由日本帝国主义者的手里收回了台湾，台湾人民也因此才回到祖国的怀抱。然而国民党反动政府自劫收了台湾以后，即对台湾人民施行苛敛诛求、横暴残酷的虐政。这样，迫得台商人民生活在极端黑暗、恐怖、饥饿的绝境。"二二八"这一天，我们台湾人民为了生存和民生自由，即团结起来向国民党反动派进行轰轰烈烈的斗争。当时，反动派由内地抽调大批援军来镇压他们，并欺骗一部分省民，以致"二二八"的斗争遭受了惨痛的失败，10000多名的英勇烈士在敌人的屠刀下牺牲了。"二二八"的失败，教训我们必须全省人民紧密团结、和全国人民在一起，才能战胜敌人；而在斗争最激烈的时候，动摇妥协，对敌人抱幻想，那么不仅斗争一定要失败，而且还会遭受到更惨痛的牺牲。这是"二二八"的血的教训。

三年来，我国历史已经起了空前的变化。中国人民在革命斗争中歼灭了7440000余的武装敌人，解放了除西藏以外的全部大陆，推翻了美帝国主义所全力支持的国民党反动政权，蒋介石残余匪帮已在大陆上遭到彻底的失败。蒋匪帮所剩下来的残兵败将，只能龟缩在台湾和其他几个小岛上，并且把台湾出卖给美帝国主义者，勾引美帝国主义者继续支持他们做垂死的挣扎。美帝国主义者也利用这个机会，加紧对台湾的侵略和控制，同时又利用其走狗进行要求"托管"或"独立"的阴谋，企图把台湾完全变成美帝国主义的殖民地。但是，蒋介石和美帝国主义相互勾结、狼狈为奸的阴谋，是绝对不能挽救他们最后灭亡的命运的。

今天中国人民的革命力量已空前强大，中国人民有着一支英勇无比、百战百胜的人民解放军，有着全国人民热烈拥护的中国人民政府和以苏联为首的全世界和平民主阵营的援助。全国 470000000 人民已经决心把解放台湾统一全中国作为今年的第一个重大任务，准备集中一切力量，渡海歼灭蒋匪帮的残余势力，解放台湾。

亲爱的台湾同胞们：我们台湾人民有着数十年间反对日本帝国主义的革命传统，尤其我们在"二二八"反对国民党反动统治的斗争中，所表现出来的伟大的英雄气概，是值得我们骄傲的。所以今天我们必须再发挥这种光荣的革命传统和"二二八"英勇斗争的经验，来粉碎蒋匪帮和美帝国主义的阴谋。在解放台湾的战争中，有力地配合人民解放军。台湾的解放是必定要实现的，而解放的日子是迫近了。所以我们必须利用每个机会和一切的可能条件，想尽一切的办法去削弱和瓦解蒋匪的力量。我们必须记取"二二八"的教训，一致团结起来反对蒋匪在台湾抽兵、征粮、征税，同时还要善于采取一切办法，保存我们的力量，壮大我们的力量，准备配合人民解放军，共同完成解放台湾的任务。

"二二八"斗争中英勇牺牲的烈士永垂不朽！

中华人民共和国万岁！

中央人民政府万岁！

中国共产党万岁！

毛主席万岁！

1950 年 2 月 28 日

后　记

　　谢雪红，这位在海峡两岸颇有影响的女性，一生跌宕曲折，波澜起伏。正如中共中央统战部副部长武连元在谢雪红骨灰移放仪式上所说，"尽管她一生中有过曲折和错误，但她为反对外来侵略，实现祖国统一而斗争的精神，以及为此而作出的努力，是不可磨灭的。"

　　2021年是台盟成立74周年，也是台盟创始人及首任主席谢雪红诞辰120周年。在这个特殊的时间节点，我们再版了台盟历史系列丛书中的《谢雪红画传》，力图通过一帧帧泛黄的老照片真实记录谢雪红的一生，通过她的人生经历重温台盟早期的创立与发展轨迹，重温那一代台籍爱国前辈为民族独立和人民解放，反对"台独"、促进祖国统一而奋斗的可歌可泣的故事。为盟史研究学习，为广大青年盟员提供优良素材。从书中的鲜活故事，让我们可以触摸到谢雪红生活的那个时代的脉搏，了解了她"要台湾人幸福"的夙愿，还有她对祖国无比赤诚的热爱，以及她反抗外来侵略的奋斗历程。穿越历史尘埃，将她的名字深深铭刻在那个年代，铭刻在台湾乃至中国的历史上。

　　回首望，流年沧桑。向前看，天高云阔。祖国必须统一，也必然统一。这是两岸关系发展历程的历史定论，也是新时代中华民族伟大复兴的必然要求。我们不应纠结在过去的怨怼里，而应抱着积极的心态看待历史，共担民族大义，顺应历史大势，共同推动两岸关系和平发展、推进祖国和平统一进程。

　　本书在编写过程中得到郑世凯、徐寻虹、徐康、王若鲲的鼎力支持和热心帮助，在此一并表示感谢！本书编写中疏漏之处在所难免，欢迎批评指正。

编者

2024年1月于北京

图书在版编目（CIP）数据

谢雪红画传 / 吴艺煤主编 . -- 2 版 . -- 北京：台
海出版社 , 2024.2

　　ISBN 978-7-5168-3757-3

　　Ⅰ . ①谢… Ⅱ . ①吴… Ⅲ . ①谢雪红（1901-1970）
—传记—画册 Ⅳ . ① K827=7

　　中国国家版本馆 CIP 数据核字 (2024) 第 003674 号

国新出审〔2023〕1979 号

谢雪红画传

主　　编：吴艺煤

出 版 人：蔡　旭　　　　装帧设计：美文设计
责任编辑：员晓博

出版发行：台海出版社
地　　址：北京市东城区景山东街 20 号　邮政编码：100009
电　　话：010-64041652（发行，邮购）
传　　真：010-84045799（总编室）
网　　址：www.taimeng.org.cn/thcbs/default.htm
E - mail：thcbs@126.com

经　　销：全国各地新华书店
印　　刷：北京信诚世纪文化传媒有限公司
本书如有破损、缺页、装订错误，请与本社联系调换

开　　本：710 毫米 ×1000 毫米　　1/16
字　　数：210 千字　　　　　　印　　张：16
版　　次：2024 年 1 月第 2 版　　印　　次：2024 年 1 月第 1 次印刷
书　　号：ISBN 978-7-5168-3757-3

定　　价：68.00 元